Julius Hart, Julius Hart

Julius Wolff und die moderne Minnepoesie

Julius Hart, Julius Hart

Julius Wolff und die moderne Minnepoesie

ISBN/EAN: 9783743431379

Hergestellt in Europa, USA, Kanada, Australien, Japan

Cover: Foto ©ninafisch / pixelio.de

Manufactured and distributed by brebook publishing software (www.brebook.com)

Julius Hart, Julius Hart

Julius Wolff und die moderne Minnepoesie

Litterarische Volkshefte Nr. 3.

Julius Wolff

und

die „moderne" Minnepoesie

von

Julius Hart.

Berlin.
Richard Eckstein Nachfolger
(Hammer & Runge.)

Alle Rechte vorbehalten.

Die Wirkungen, welche das Kunstwerk auf die Gegenwart ausübt, die äußeren Erfolge, die es davonträgt, entsprechen bekanntlich in den seltensten Fällen seinem wirklichen, dem inneren ästhetischen Werte. Es ist eine alte Thatsache, daß wahrhaft bedeutende und große Kunstschöpfungen in ihrer Zeit häufig nur eine kleine Gemeinde von Freunden und Bewunderern finden oder gar auf heftige Feindschaft stoßen, während die Erzeugnisse flacher Mittelmäßigkeit rasch und überall Boden fassen und oft genug auch die höchste litterarische Schätzung erfahren. Letzteres besonders, wenn sie eine „Mode" gemacht haben. Der Hinweis auf die ausgleichende Zukunft, welche allerdings immer wieder der echten Kunst, der Idee zum Siege verhilft und oft schon nach wenigen Jahren für immer begräbt, was vor Kurzem die Bewunderung aller war, und Vergessenes zu neuem dauernden Dasein erweckt, ist für den Lebenden, den Kämpfenden und Ringenden, ein schlechter Trost, und ersetzt ihm nichts weniger als die Gunst seiner Zeit; manches Werk der Vollreife bleibt ungeschaffen, wenn dem Dichter in den Tagen des Ringens die Sonne der Anerkennung fehlt.

Nur einen Gerichtshof giebt es außer der Zukunft, von dem die Kunst gegen die Ungerechtigkeit des Volksurteils, des Urteils der Gegenwart Widerspruch erheben kann. Die ästhetische Kritik hat keinen Zweck und ist wertlos, oder gar verderblich, wenn sie nur nachspricht, was die große Menge ihr vorsagt, und nicht der unbestochene Anwalt der Kunst ist.

Hat der Kritiker sich über die Forderungen der Kunst klar gemacht, tritt er an das zu beurteilende Werk ohne alle Voreingenommenheit heran, und ist er sich bewußt, allein die Rechte der Kunst wahren zu wollen, geizt er nach nichts anderem, als nach der Erkenntnis des Richtigen, so wagt er es zuletzt ruhig, auch die gepriesenste Tagesgröße vor seinen Stuhl zu ziehen und zu verurteilen, er scheut auch nicht die majestätischen Kronen eines Shakespeare und Goethe. Geringschätzig sieht er auf jene armseligen Wichte herab, welche heute wie zu allen Zeiten zahlreich verbreitet, in ihrer Unfähigkeit nichts anderes als zu schimpfen und die Persönlichkeit zu verdächtigen wissen, indem sie die Kritik laut oder versteckt ein Erzeugnis der Reibhammelei, der Wurst= wider Wurst=Philosophie oder gar eine Quittung über eine empfangene Zahlung nennen. Wer von unseren angesehenen Kunstrichtern hätte nicht einmal diese Gassenjungen kennen gelernt? Haben sie doch selbst einen Lessing während seines Lebens und über den Tod hinaus mit ihren Kothwürfen verfolgt. Gerade der Kritiker, der es mit der Kunst und mit seinem Berufe ernst meint, wird immer von Neuem zögernd und zagend an eine Besprechung herantreten, immer wieder überlegen, bevor er ein schroffes „Ja" oder „Nein" ausspricht. Er weiß am besten, daß ihm die Unfehlbarkeit nicht in die Wiege gelegt wurde, daß das Lernen der beste Theil des Lehrens ist, daß in jeder Kritik ein gut Stück Subjektivität steckt, über welches man nie und nimmer hinauskommt. Jede Kritik ist ein Duell, welches der Kritiker mit dem Dichter auskämpft; wer von uns beiden ist der Größere? Denn jede Kritik ist ebensogut eine Selbstkritik, wie eine Beurteilung der fremden dichterischen Schöpfung.

Die folgende Studie über Julius Wolff wurde zumeist für die Kreise der Verständigen, für die, welche eine Dichtung und darum auch eine Kritik wirklich zu lesen wissen, geschrieben. Mögen sie sehen, wo der Kritiker das Richtige getroffen, und wo er vielleicht auf Irrwege abgekommen ist, wie weit seine subjektiven ästhetischen Abneigungen und Zuneigungen in seine Beurteilung sich hineinmischten, oder ob er objektiv ein Richtiges getroffen hat. Ich möchte nur nicht, daß meine Kritik blos als eine „Lager"=Kritik angesehen wird, als ein Geschoß, welches aus dem Lager des jungen Deutschlands in das des alten Deutschlands hinüberfliegt. Ich habe niemals für eine „Schule" gekämpft, niemals geglaubt, daß aus Vereinigungen die Literatur etwas Großes gewinnt; nicht die Schule, die Partei soll es jemals gelten, die schönen Schlagworte von Realismus, Idealismus und Naturalismus sind immer nur Schlagworte, hinter denen sich auf allen Seiten vielfach die Unkraft versteckt: nicht für eine Schule, sondern einzig für die Kunst gilt es einzutreten. Heute schreit man laut: Naturalismus, Realismus auf gegen den Idealismus! Thorheit! Auf, Kunst, gegen die Stümperei, gegen den Dilettantismus, sollte es heißen. Dann fänden sich Viele zusammen, die jetzt in getrennten Lagern sitzen, und ein Goethe einerseits, ein Zola andererseits wären die größten Gegner ihrer Nachtreter und Nachbeter.

* * *

Die Berechtigung zu einer kritischen Studie über Julius Wolff liegt zunächst in der allgemeinen und großen Verbreitung, welche seine Dichtungen bei uns gefunden haben. Wenige nur können sich einer so weitgehenden Gunst und Beliebtheit erfreuen, wie die seinigen, und auf dem Gebiete der Versepik hat ihn von den Lebenden nicht Einer auch nur annähernd an Popularität erreicht. Im großen Ganzen haben unsere litterarischen Kunstrichter das Urteil der Menge unterschrieben, ja mit dem allerhöchsten Lobe nicht gegeizt.

Julius Wolff wurde am 16. September 1834 zu Quedlinburg am Harze geboren. Kurze Zeit besuchte er die Universität zu Berlin, wo er sich litterarischen und humanistischen Studien hingab, übernahm alsdann auf Wunsch der Eltern die väterliche Tuchfabrik, „ohne den inneren Trieb und die Freude am Beruf." Was sein Unglück zu sein schien, der Verlust dieser Fabrik, sollte zu seinem Glücke ausschlagen. Derselbe drängte ihn in die Bahnen der Journalistik, und obwohl die von ihm 1869 gegründete „Harzzeitung" nur fünf Vierteljahre Bestand hatte und entschlief, als der französische Krieg ausbrach und auch den jungen Zeitungsunternehmer unter die Fahnen rief, so hatte er doch damit, wie sein Biograph sagt, „zuerst in jene Oeffentlichkeit sich gestellt, die so berauschend wirkt, er hatte Druckerschwärze gerochen, die wie das Lampenlicht der Bühne so leicht nicht den losläßt, der ihrem Banne einmal verfallen." Seit 1871 lebt Julius Wolff in Berlin, wo er sich ein behagliches Heim geschaffen, ein ruhiges und glückliches Leben. Wie es scheint, ist dieses Leben wirklich im ruhigsten Laufe, ohne bedeutsamere Wirbel, hingeflossen. Tragen doch auch die Poesieen wenig oder gar nicht den Charakter, wie ihn starke innere Kämpfe, und reichere Lebenskämpfe einer Poesie aufzudrücken pflegen. Fruchtbar ist Julius Wolff's Kunst trotzdem gewesen, ja sie hat versucht, alle Gebiete zu beherrschen, die Lyrik, mit welcher der Dichter in der Gedichtsammlung „Aus dem Kriege" (1871) begann und der ausschließlich auch der Band „Singuf" gewidmet ist, die

Dramatik, den Roman, das Versepos. Die Tragödie „Kambyses", das Lustspiel „Junggesellensteuer" und das Schauspiel „Drohende Wolken", sind ziemlich unbekannt geblieben und selbst der überbegeisterte Biograph Julius Wolff's, Alfred Ruhemann, sagt ihnen wenig Gutes nach, ebenso wenig wie den Romanen „Der Sülfmeister" und „Der Raubgraf", denen auch die übrige Kritik immerhin spröde begegnete. Seinen großen Ruf verdankt er den Versepen.

Leider gestattet es der Raum nicht, auch nur jedes dieser Versepen so ausführlich und eingehend zu durchforschen, wie es jede Kritik soll und muß, wenn sie begründen, wenn sie erschöpfend sein will. Es genügt auch, wenn wir den Dichter auf der Höhe seines Schaffens aufsuchen; die Werke, in denen es ihm gelungen ist, sein Bestes und Charakteristischstes zu geben, sind sicherlich auch im Allgemeinen entscheidend für ihn. Die Jugenddichtung „Till Eulenspiegel" und weit höher die Waidmannsmär „Der wilde Jäger" sind die Staffeln, auf denen Julius Wolff zu der Popularität und dem Ruhme des „Rattenfängers" und des „Tannhäusers" aufstieg. Nach dem allgemeinen Urteile hat in diesen beiden Dichtungen unser Dichter sein Bestes und Bleibendstes gegeben. Auch das jüngste Werk „Loreley" bedeutet nach einigen Abirrungen auf das Gebiet des Romanes eine Rückkehr zu den alten Triumphen des Epos.

Steigen wir von dem Einzelnen zum Allgemeinen empor. Lernen wir zunächst die Menschen kennen, mit denen der Dichter uns bekannt macht. Was für Naturen sind sie? Die Titel „Tannhäuser", „Rattenfänger von Hameln", lassen uns fast hoffen, daß wir es mit jenen großen genialen Naturen vom Schlage des Faust, des „wunderthätigen Magus" und ähnlicher Riesenmenschen werden zu thun haben. Das Gleiche gilt vom „Wilden Jäger", der sich zwar im Einzelnen, namentlich durch seine kräftigen Naturschilderungen vor den übrigen Dichtungen Julius Wolff's auszeichnet, in der Hauptsache indeß so ganz das Gepräge des „Rattenfängers" trägt, daß seine Erkenntnis durch die Betrachtung des letzteren bereits erschlossen ist. Vermag Julius Wolff Charaktere zu zeichnen, in sich wahre, festberuhende Naturen, die ein wahrhaft mannigfaltiges Leben führen? Erfüllt er die Versprechungen, die er uns macht, oder scheitert nicht sein Können jählings an seinem Wollen?

* * *

Die Sage vom Rattenfänger von Hameln klingt düsterschaurig aus dem Mittelalter in unsere Zeit hinein, . . eines jener Märchen, die seltsam traurig stimmen und nicht aus dem Sinne wollen. Gleich Ahasver, gleich dem fliegenden Holländer oder dem Doktor Faustus gehört er zu jenen symbolischen Gestalten, welche gerade die ersten und größten Dichter zu reizen und zu locken wissen, da sich alles Tiefe hineingeheimnissen läßt und welche unter der Hand des mächtigen Künstlers zu Weltnaturen gleich dem Äschyleïschen Prometheus heranwachsen. Der Doktor Faustus ist im Volksbuch ein recht dummer und armseliger Tropf, ein Jahrmarktswunder, ein Charlatan; bei Goethe wurde er zu einem Symbol der kämpfenden Menschheit. So wird, von dem Zauberstab des großen Künstlers, des großen Menschen berührt, Stroh zu Gold, aber der kleine Künstler, der kleine Mensch verwandelt mit derselben Leichtigkeit Gold zu Stroh. Es ist Nichts so wahr, als daß das Kunstwerk der Künstler ist. Der echte Poet kann nicht anders: seine Dichtungen werden immer zu Bekenntnissen seines tiefsten eigentlichsten Fühlens und Empfindens. Ein kleines verkrüppeltes Gehirn schafft auch in der Kunst nur kleine verkrüppelte Menschen, nur große Menschen können Titaniden, einen Prometheus, einen Faust, einen standhaften Prinzen, einen Hamlet, einen Kain, einen Luzifer dichterisch gestalten.

Julius Wolff's geistiges Maß kann man an seinem „Rattenfänger" nehmen. Ich glaube, er ist an dem Versuche, dieser düsteren Sagengestalt gerecht zu werden, arg gescheitert, wie so viele Poeten vor und nach Goethe an dem „Faust" zu Grunde gingen.

Sonder Frage ist der „Rattenfänger" eine tragisch = dämonische Gestalt und ohne den Zauber des Unheimlichen, des Grauenhaften vermögen wir ihn und seine That uns nicht recht vorzustellen. Auch Wolff hat jedenfalls die Empfindung gehabt, daß er nächtige Elemente zu Hülfe nehmen muß: so ist benn nach der Meinung Ruhemanns Singuf „der Teufel in Person geworden", ein Teufel, der vor keiner Schlechtigkeit zurückschreckt. Ein Teufel, ja wohl, aber ein recht armer Teufel! Wolff ist eine harmlose, freundliche Natur; in seinen Gedichten trinkt er gern ein Gläschen Wein; über zwei Gläser bringt er es wohl nicht. Alles in Allem gleicht er den Anakreontikern des vorigen Jahrhunderts; Hagedorn und Gleim drückt er freundnachbarlich die Hand, und wenn er auch noch so keck das Hütchen aufs linke Ohr schiebt, aufs Bäuchlein sich patscht und mit dem Säbel klirrt und donnernd nach einem Glase Wein ruft, er täuscht den Kundigen nicht darüber hinweg, daß er im Herzen ein braver Spießbürger ist, der sich aus der Maskengarderobe das Costüm eines fahrenden Gesellen geliehen hat. Einem Hageborn gelingt immer gut und wohl ein Lied von Johann, dem munteren Seifensieder, aber wenn er an düstere Gestalten sich heranwagt, wie an Singuf, den Hamelner Rattenfänger, so steht er in Gefahr, auch aus dem dämonischen Singuf einen Johann den munteren Seifensieder zu machen. Viel anderes als ein munterer Seifensieder ist in der That der Wolff'sche Sänger und Spielmann nicht geworden.

Was macht denn eine Figur zu einer dämonisch-tragischen? Wir werden diese Bezeichnung niemals anwenden, wenn nicht [auf eine starke Intelligenz, die ein Gewaltiges anstrebt, mag dieses Gewaltige nun ein gewaltig Böses oder gewaltig Gutes sein. Starke elementare Leidenschaften müssen sie beseelen, sie muß auf Jeden, der in ihren Dunstkreis kommt, einen Zauber ausüben, dem man sich nicht entziehen kann, zur Liebe oder zum Haß reizen. Das ist keine Tragik, wenn eine Dichtung „traurig" endet, mit einem oder einem Dutzend Selbstmorden; nicht im Sterben liegt das tragische Element, sondern in der Motivierung des Todes. Nur der stirbt einen tragischen Tod, wer eben nicht mehr leben kann, mehr leben darf, wer sich vor der eigenen Natur nicht mehr zu retten weiß, in unlösliche Konflikte geraten ist. Alles das hat Wolff glänzend verfehlt.

Da er, in Folge seiner künstlerischen Ohnmacht, das dämonische Element seinen Helden nicht innerlich mitgeben, nicht in dessen Seele hineinlegen konnte, ging er geschickt um alle Psychologie herum und ersetzte sie durch das Wunder, durch die Zauberkunst. Die Schauer, das Gruseln, welches sein Held verbreitet, sind von jener naiven Art, mit welcher man Kinder gruseln macht, und die Motive zu einem tragischen Konflikt in ihrer lächerlichen Kleinlichkeit völlig unzureichend. Sehen wir zu!

Unser neuzeitlicher Romantiker faßt die Sache zunächst entschieden realistisch auf, freilich, wenn man realistisch mit trivial Eins setzt. Wenn wir die alte Sage hören, so glauben wir nicht recht an das Rattenfängertum des fremden wunderlichen Heiden; wir denken, daß doch wohl etwas Anderes dahinter steckt, denn der Teufel wirft sich ja in die seltsamsten Masken. Wolff ist aber ein moderner Mensch, der ohne Umsehen den Schleier vom Saïsbilde niederreißt. Er läßt uns nicht lange im Zweifel. Sein Held ist nicht eine dunkle sagenhafte Gestalt, von titanisch-dämonischen „teuflischen" Plänen erfüllt, sondern wirklich nur ein armer wandernder

Spielmann, Singuf geheißen, der nebenbei offenbar allerhand
Kunststücke treibt, und so auch, wenn's darauf ankommt, als Kammer=
jäger sich verdingt. Die ehrgeizigen großen Pläne, die er vor dem
Rat von Hameln darlegt, bestehen thatsächlich in nichts anderem,
als in der Vertilgung von Ratten und Mäusen; er hat's auf nichts
weniger als auf satanische Seelenfängerei abgesehen, hundert Mark
Silber ist der Himmel, den der neue Prometheus gewinnen will.
Alles Teuflische dieses Singuf besteht in einigen Zauberkunststückchen,
die er von einer alten Zigeunerin gelernt, aber wir kennen diese
Zauberei. Dämonisch berühren sie uns Erwachsene wohl nicht mehr,
etwas Charlatanismus gehört ja gewiß auch zum Geschäft der
Kammerjäger, und jedenfalls interessirt uns das, was Singuf als
Mensch ist, mehr als seine unkontrolierbaren Jahrmarktskunststücke.
Im Grunde ist er das, was wir Kulturmenschen etwa einen großen
Violinvirtuosen nennen; alles drängt herbei, um sein Spiel und
seine Lieder zu hören, und der Zudrang ist um so größer, da er,
anders als die Joachim, die Hans von Bülow kein Eintrittsgeld
für seine Konzerte verlangt. Wunder nimmt es uns nicht, daß im
dreizehnten Jahrhundert die Damenwelt in interessante Virtuosen
und Schauspieler mit ebensolcher Vorliebe sich vergafft, wie sie es
heutzutage thut. Auch im Zechen stellt Singuf seinen Mann. Alles
in Allem ist er ein guter Kerl, ein flotter Gesellschafter, der zu
unterhalten weiß wie ein Weinreisender, auch gern küßt und mit
Vorliebe wohl über den Durst trinkt.

Man begreift nicht recht, wie dieser brave Mensch in des
Teufels Küche geraten soll. Ja, er hat einen Fehler! Er ist von
außerordentlicher Verletzlichkeit. Was andere Menschen mit Achsel=
zucken hinnehmen, faßt er als das schreiendste Unrecht auf. Da er
einmal am Vogelherde sitzt und gerade das Schlagseil ziehen will,
um einen guten Fang zu thun, kommt nichts Böses ahnend und
nichts Böses beabsichtigend ein junger Mann, Heribert de Sunne=
borne geheißen, durch den Wald dahin und verscheucht durch den
Schall seiner Schritte die Drosseln, welche sich gerade fangen lassen
wollen. Das ist gewiß ärgerlich für einen Jäger. Aber eine solche
Rachlust, wie dieser Singuf gegen den unschuldigen Spaziergänger an
den Tag legt, dürfte wirklich nicht schön sein. „Wart", schwört er,

„Wart', ich tränk' Dir's ein! Das Badgeld,

Das ich mir beim Rat bedungen,

Deine Liebste soll mir's zahlen."

Vielleicht giebt es Einen, der das dämonisch nennt! Mir scheint es auf eine außerordentliche Kleinlichkeit des Charakters hinzudeuten. Ein Mensch, der um eine solche Lappalie gleich zum Messer greifen will, ist eben nicht mehr und nicht weniger als ein unreifer Straßenraufbold, aber gewiß nicht geeignet, in irgend einer Beziehung eine Teilnahme an seinem Schicksale zu erwecken.

Singuf fängt eine Liebschaft mit Gertrud, der Tochter eines Weserfischers an, die ihm „willenlos und ohne Schranken Leib und Seele ganz zu eigen" giebt. Auch der fahrende Sänger fühlt sich durch diese Leidenschaft ganz verwandelt; die echte Liebe ist wie Frühling, sagt er, in seinen Busen gezogen, er denkt an nichts, als das arme Mädchen ehelich heimzuführen und mit ihm „ein Nest sich zu bauen." Der weitere Verlauf der Handlung giebt uns durchaus nicht das Recht, die ehrlichen Absichten Singufs zu bezweifeln; wir dürfen getrost annehmen, daß er Gertrud ernsthaft liebt. Es ist die alte Geschichte; der tolle Sänger ist eigentlich durchaus nicht ein so wilder Durchgänger, wie er sich selber gern darzustellen liebt; er leidet ein wenig an der genial sein sollenden Renommage mit dem Laster, im Herzen ist er der braverzogene Jüngling, der Heiraten und Kinderzeugen für das Beste auf Erden hält.

Singuf gelingt es, die Ratten und Mäuse der Stadt zu vertilgen. Aber Rat und Bürgerschaft der Stadt Hameln sind geizig und wollen den ausbedungenen Lohn nicht zahlen. Ein einziger Rattenkönig ist dem allgemeinen Verderben entronnen; und die habgierigen Herren der Stadt klammern sich an diese Thatsache, um die hundert Mark Silber zu verweigern. Das ist nicht schön gehandelt. Verständlicher kann man es schon finden, wenn der Herr Bürgermeister den Singuf einen Unverschämten nennt, da dieser als das vorher ausbedungene Badgeld einen Kuß von den schönen Lippen der Bürgermeisterstochter Regina verlangt. Es ist das ein harmloser, aber immerhin unfeiner Scherz. Doch gerade diese Zurückweisung kränkt den kußleckeren Spielmann am meisten; wieder einmal brütet er auf Rache: mögen sie in Teufels Namen ihr lumpig Geld behalten, meint er, auch an einem Kuß liegt mir nicht viel, aber gerade den von der Bürgermeisterstochter möchte ich haben, um die hochmütigen Herren einmal zu ärgern; wohl auch, um das Mütchen an dem Verlobten Reginas zu kühlen, an Herrn Heribert de Sunneborne, welcher ihn damals beim Vogelfang störte.

Ich glaube, kein Mensch von gesundem Fühlen wird derartige

Lappalien für die Vorbereitungen zu einer schauerlichen Tragödie
ansehen. Das ist eine harmlose Anekdote für das „Humoristische
Deutschland". Oh, da kennt man schlecht unsere deutschen Tief=
blicker. Auch der Dichter meint vielleicht selber, einen Beitrag zum
„Kampfe um's Recht" geliefert zu haben. Sein Epos soll sich viel=
leicht einreihen unter jene großen Tragödien des Gerechtigkeits=
gefühls und sein Singuf ist ein anderer „Michael Kohlhaas"; die
Rolle, die im Leben des Märkischen Roßtäuschers ein getötetes Pferd
spielt, spielt bei Singuf die für seine Kammerjägerdienste ver=
weigerte Geldsumme. Man braucht nur einen Augenblick näher
zuzusehen und wird herausfinden, wie wenig glücklich diese Zu=
sammenstellung ist. Allerdings kann man dann lernen, was echte
Poesie, echte Tragik, echte Charakteristik ist und was es heißt, ver=
logene Poesie, verlogene Tragik und verlogene Charakteristik. Lang=
sam und allmählich wächst bei Heinrich von Kleist das Unheil heran;
sein Michael Kohlhaas hungert wahrhaft nach Recht und Gerechtig=
keit. Von Gericht läuft er zu Gericht, und erst überall verhöhnt
und verspottet, greift er zur Selbsthülfe, zum Schwert der Rache,
immer aber noch jeden Augenblick bereit, dasselbe niederzulegen,
wenn ihm Einer sein Recht gewähren will. Er wächst zum ge=
waltigen Rächer der Unterdrückten und Beleidigten heran; das eigene
Leben gilt ihm nichts mehr, redlich und offen erklärt er der Gesell=
schaft den Krieg. Die Tragik kennt keine Kompromisse, keine Spie=
lereien; Auge um Auge, heißt es bei ihr. Wahrhaftig, ein impo=
nierender Kämpfer für Recht und Gerechtigkeit ist dieser Singuf.
Was will er in seinem beleidigten Gefühle? Seinen Gegnern einen
Possen spielen . . . einem harmlosen Mädchen einen Kuß rauben!
Ein nicht übler Primanerwitz. Die Tragödie eines Backfischpen=
sionats. Da sind die Possen, die Michael Kohlhaas den Feinden
spielt, allerdings grimmigerer Natur. Wenn in Michael Kohlhaas
Haß und Wut immer fassender um sich greifen, so begreifen wir
diese Psychologie. Seine Gegner sind hochmütige Tyrannen, die
bis aufs Blut ihn zu quälen wissen. Singuf hingegen steht einem
weichherzigen Buttermenschen gegenüber, der das Unrecht, das er
begangen, bitter empfindet und auf alle Weise dasselbe wieder gut
zu machen und den Gekränkten zu entschädigen sucht. Widerwillig
und erst, als er gar keinen andern Ausweg mehr sieht, nimmt Kohl=
haas seine Rache. Singuf bedenkt sich keinen Augenblick: Wurst
wider Wurst, lautet seine Rechtsphilosophie.

Glücklich gelingt es dem Wolff'schen Helden, seinen Schabernack auszuführen. Liebend wirft sich ihm Regina an die Brust. Dem Dichter war hier eine ebenso gewaltige, wie schöne Aufgabe gestellt. Regina weiß kaum etwas von Singuf, nur ein eigentümliches Grauen hat sie länger schon vor ihm empfunden; etwas wie Haß und Furcht bringt sie ihm entgegen. Ihr ganzes Herz hängt an dem Verlobten und dem Jugendgespielen, dem schönen, treuen und braven Heribert de Sunne=borne. Dennoch verfällt sie dem dämonischen Zauber des fremden Sängers, alles vergessend, den Vater und den Geliebten, sinkt sie in seine Arme, sobald dieser um sie wirbt. Kann uns der Dichter durch die Glut seiner Leidenschaft, durch das Feuer seiner Sprache von der Wahrheit und Möglichkeit dieses Vorganges überzeugen, so wollen wir seinen Singuf gern eine dämonische und große Natur, einen „Mädchenfänger" von Hameln nennen. Shakespeare ist es gelungen, in einer seiner gewaltigsten und größten Szenen, in der Brautwerbung Richard III. um Königin Anna am Sarge ihres Gemahls, genial diese psychologische Aufgabe zu lösen. Und Julius Wolff? Er macht sich's bequemer. Zur rechten Zeit erinnert er sich daran, daß er ja eigentlich nur für Kinder und Backfische schreibt, und daß der Rattenfänger von Hameln doch nichts weiter ist, als der Held eines Ammenmärchens. Was Psychologie?! Ein bischen Zauberspuk thut's auch. Singuf hat's leichter, als Richard III. Die Geschichte ist ja die einfachste von der Welt. Man nimmt nämlich Bilsenkraut, schnitzt aus der Wurzel einen Menschenleib, ritzt auf die Brust verschlungene Zeichen, murmelt einen geheimen Segen „aufs Gebild" und steckt es zu sich. Das zu verführende Mädchen ist dann sofort fähig, auch den sonst Verhaßtesten zu lieben und vor allem zu küssen. Man soll's nur einmal versuchen. Allerdings verstehe ich nicht, warum Singuf auf der „Lautnerung" dem Mädchen noch erst ein Langes und Breites vorsingt und vorspielt. Entweder ist der Zauber unnütz oder die Lieder sind es; wenn der Zauber kräftig ist, so hätte er sich doch die Mühe des Singens sparen sollen, mag er sich doch ruhig abseits an einem Tisch niederlassen, seinen ersehnten Kuß bekommt er doch weg. Auch kann ich nicht begreifen, daß ein Mann, der so viele und schöne Zauberkünste versteht, wie Singuf, so oft Prügel bekommt. Der hat's doch gewiß nicht nötig, um hundert Mark Silber sich so zu plagen und zu schinden. Wenn er nur will, kann er sich ja im Handumdrehen zum Herrn der ganzen Lande machen; einige Centner Bilsenwurzeln bringen's schon fertig.

Nach dieser Abschweifung ins Märchenhafte geht es dann wieder ganz „realistisch", alltäglich zu. Der arme fahrende Sänger wird wegen Zauberei zum Tode verurteilt. Gertrud errettet ihn vom Tode, denn nach König Karls Gebot kann sie das Leben des Verdammten fordern, wenn sie seine Missethat aufs eigene Gewissen übernimmt. So könnte denn die Geschichte ganz glücklich enden. „Nun einen Strich durch das Vergangene," jubelt es im Herzen Singufs. „Fort von hier mit Gertrud,
>Um des oft geträumten Glückes
>Seligkeit in weiter Ferne
>Mit des Vaters frommem Segen
>Zu erringen, zu genießen."

Leider hat der Dichter die Witterung auf Blut, und so etwas läßt manchen den Kopf verlieren. Sterben muß etwas, und da bleibt denn nichts anderes übrig, als daß Gertrud urplötzlich der Einfall kommt, ins Wasser zu gehen. Einen stichhaltigen Grund hat sie dazu nicht, das sieht auch der Dichter ein; „ach, sie hielt mich für untreu, jammert Singuf, — der Liebeszauber und Reginas Kuß — o Irrtum, welch ein Meisterstück der Hölle!" Ein Meisterstück der Hölle mag's sein, aber ein Meisterstück der Tragik, der Motivierung ist es nicht. Den Irrtum zu Hülfe nehmen heißt den deus ex machina heraufbeschwören; mit demselben Recht kann der Poet einen Ziegelstein vom Dach fallen und das arme Mädchen totschlagen lassen.

Mit einem Fluche geht Singuf vom Leichnam der Geliebten fort:
>In die Hand der Toten schwör' ich
>Rache Dir, verfluchte Stadt!
>Hast mein Liebchen mir genommen,
>Nehmen will ich Dir Dein Liebstes."

Man sieht, die Kinder mußten geraubt werden, die Sage schreibt es nun einmal vor. Fühlte der Dichter nicht, daß dieser Singuf doch ein recht trauriger Geselle ist, der auf ganz Unbeteiligte die Schuld abwälzen will? An dem Tode Gertrud's ist die Stadt doch nun und nimmer schuldig. Er sagt es ja selbst, der Irrtum ist's, das Meisterstück der Hölle. Weiß Meister Singuf logisch zu denken, so muß er sich sagen, daß höchstens er selber oder Gertrud Unrecht haben, Gertrud, insofern sie gar zu wenig dem Geliebten vertraute. Aber niemand verdient den Tod im ganzen Epos, die harmloseste Geschichte, die harmlosesten Menschen nehmen ein trauriges Ende, ohne daß man weiß, wozu und warum. Ganz

unvermittelt liegt im Charakter des Helden das Gute und Schlechte neben einander, eine karrikierte Bosheit neben der bescheidensten Gut=
mütigkeit. Wie ist solch ein Mensch zu denken. Ruhemann schreibt, daß der Dichter den Singuf zu einem erbärmlichen Kerl gemacht habe, obgleich er offenbar für ihn die Sympathien gewinnen wollte. Fühlt Ruhemann es nicht, daß er damit das schärfste Verdammungsurteil selber gesprochen, sagt er nicht kurz und klar, der Dichter weiß nicht, was er thut, seine Charakteristik beruht auf unhaltbaren Voraussetzungen?

Julius Wolff hat sicher einen glücklichen Griff gethan, als er eine der eigenartigsten, tiefsten und poetischsten Sagen des deutschen Volkes neu zu gestalten unternahm, die vieldeutige Gestalt des Ratten=
fängers von Hameln zu bilden versuchte. Man urteile, ob es ihm gelungen ist, tiefer und bedeutsamer den Stoff zu erfassen? Die Fähigkeit, einen Charakter zu gestalten, das Eigentlichste des dich=
terischen Talentes hat er nicht erwiesen. Alle Figuren unserer poetischen Erzählung sind ganz schattenhafte blut= und fleischlose Wesen von der dürrsten Konventionalität; nur im Titelhelden hat der Dichter es versucht, eine reichere, wirkliche Individualität zu schaffen. Diese aber entbehrt aller Wahrheit, aller Logik. Die Thaten stehen im geraden Gegensatz zu den Gefühlen und Empfin=
dungen. Überall begegnet man innerlichen Widersprüchen. Die Welt des Märchens und der Wirklichkeit liegen zusammenhanglos neben ein=
ander. Singuf ist bald ein Zauberer, dem alle Mächte der Hölle und Erden zu Gebote stehen, bald ein unreifer renommistischer Bursche, der gar nichts zu bieten vermag. Einmal sieht es aus, als wenn er mit der Finsternis in Verbindung stände, geheimnisvoll warnt er die Geliebte, für das Gelingen seines Werkes nicht zu beten, als könne ein Gebet den Zauber zerstören, einanderes Mal ist er der bravste harmloseste Bürger, der vor allem des „Vaters frommen Segen" in die Ehe mitbekommen will.

Diese innere Unwahrheit entspricht nur dem Opernaufputz, den Julius Wolff liebt; Beschwörungen bei Mondschein, Zauber=
geschichten und ähnliche Dinge mögen sich, mit Musikbegleitung von Meyerbeer, auf dem Theater ganz gut ausnehmen. Aber in die Dichtung, welche Anspruch auf Darstellung der Wirklichkeit macht, gehören sie nicht. Will man ein Märchen schreiben, gut, so schreibe man ganz ein Märchen, doch bringe nicht Wirklichkeit und Märchenwelt bunt durcheinander, und benutze den Zauberspuk nur dazu, um der Wahrheit, der Logik, der Psychologie, wenn's beliebt, ein Schnippchen zu schlagen.

* *

Im Jahre 1880 erschien zum ersten Male, allen deutschen Frauen gewidmet, der „Tannhäuser", ein Minnesang, „das größte, bedeutendste Werk, welches bisher der Feder Wolff's entflossen" und heute in fünfundzwanzigtausend Exemplaren in der deutschen Leserwelt verbreitet ist. Wie mit dem „Rattenfänger", so hat der Dichter auch mit dieser Erzählung den glücklichsten Griff in die deutsche Sagenwelt gethan, wie dort hat er die Gestalt des Helden nicht zu erfassen gewußt, sondern eine scharfumrissene, düster=dämonische Physiognomie in ein glattes gelecktes Salongesicht umgewandelt, das unsere Backfischwelt aus den Gouvernantenromanen lieben lernt, wie dort vermischt er klare Wirklichkeitspoesie mit krauser Märchenromantik und läßt die Psychologie durch das Wunder vernichten.

Dem zeitgenössischen Dichter erwächst zunächst die Aufgabe, die Schuld, welche Tannhäuser auf sich ladet, in ihrer ganzen zerschmetternden Furchtbarkeit darzustellen und uns zu überzeugen, daß er wirklich ein Verlorener ist. Da hilft es nun nichts, wir müssen in den Sumpf hinein und mit eigenen Augen sehen, daß hier einer dem moralischen Erstickungstode nahe ist. Die mittelalterliche Welt geht auch entschieden bis zum Äußersten, was ihre entsetzte Phantasie sich zu denken vermag: Tannhäuser treibt Buhlschaft mit der Venus, der treuesten Gefährtin des Satans, oder eigentlich mit dem in Frauengestalt verwandelten Teufel selber. Das dämonen=gläubige Mittelalter hörte ein solches mit dem heiligsten Schauer, dem grausesten Entsetzen an, denn diese Venus ist ihr eine höchst reale wirkliche Person, mit der Jeder einmal zusammen kommen kann, und die in ihrem Hörselberge ebenso leibhaftig wohnt, wie der Papst im Vatikan. Aber was ist für uns die „Valandinne?" Ein Ammenmärchen! Hätte Goethe die Schuld seines Faust allein auf das Bündnis mit Mephistopheles gestellt, so würden wir diese Schuld gar nicht verstehen, wir würden darüber lächeln, wie denn auch die ganze Szene bei dem Dichter durchaus in das Licht des Humors getaucht ist. Ja, den erkenntnisdürstenden Faust verstehen wir, wir verstehen auch die Tiefe seines Verbrechens, welches er an Gretchen begeht, denn es ist ein Allgemein=Menschliches. Wie sollen wir uns aber künstlich in eine fremde Welt= und Geistesanschauung versetzen? Was ist uns Venus anders als ein Phantom, — gut als ein Symbol? Aber laßt dieses Symbol Fleisch und Blut annehmen, laßt es zu einer Realität werden, die uns mit derselben Furcht und dem gleichen Entsetzen anpackt, wie die Gestalt der Venus das Mittelalter mit Schauern anfüllte. Das gehört auch dazu, was wir unter einer modernen Poesie verstehen.

Die Opernbühne läßt sich ja nicht ernst nehmen, dennoch hat auch Richard Wagner seine Göttin des Hörselberges zu einer so realen, uns verständlichen Gestalt gemacht, zu der Incarnation aller Sinnlichkeit. Diese ist es, welche seinen Tannhäuser leiblich und geistig befleckt hat, ihn beschmutzte, daß er der echten und reinen Liebe Elisabeths nicht mehr würdig ist. Das vermögen wir völlig zu empfinden.

Dem Julius Wolff'schen Tannhäuser steht man zunächst ratlos gegenüber. Den ersten Rat habe ich bei unserem Biographen gefunden, der mir die Auskunft erteilt, daß „das Ueberhandnehmen der sinnlichen Leidenschaften bei dem Manne der Tod jeder echten, reinen Liebe und daß es ein verderbliches Wagnis ist, den Schleier lüften zu wollen, der das große Geheimnis der Schöpfung, das Mysterium der Liebe, erschließt". Das ist ja in gewissem Sinne richtig. Aus einzelnen Stellen geht hervor, daß Julius Wolff allerdings einen solchen ideellen Gehalt anstrebte, aber diesen ideellen Gehalt auch wirklich gestalten, nicht die Gedanken aussprechen lassen, sondern sie in Fleisch und Blut umsetzen, ist Sache des Künstlers. Und daran scheitert Wolff.

Die Sinnlichkeit, welche nichts anders als die Befriedigung ihrer thierischen Genußsucht erstrebt, vernichtet zuletzt alles Menschliche und alles Hohe, zerrüttet die Nerven und das Gehirn und läßt den Körper lebendig verfaulen: an dieser physiologischen Tatsache läßt sich nicht rütteln und alle Backfischpoesie mit ihrer Verlogenheit und der süßlichen Ausmalung und unmoralischen Verschönerung des Lasters bringt sie nicht aus der Welt. Wer das „Ueberhandnehmen der sinnlichen Leidenschaften," und ihren Sieg „über die echte und reine Liebe" künstlerisch darstellen, diese Tragödie in ihrer nackten und furchtbaren Wahrheit gestalten will, der kann nicht anders, als Bilder eines Häßlichen und Schauerlichen vor uns entrollen, und wenn er die Farben einer „Nana" wählen muß. Dem ernsten Künstler wird es dann zur Unmöglichkeit, nach dem Beifall der Backfische zu geizen und er kann dann nicht ein Buch schreiben, welches sich allen „lieben deutschen Frauen", widmen läßt, so wie sie heute sind. Er sagt unserer Damenwelt nicht mit jenem verzückten Augenaufschlag, mit dem verliebten Schmelz des girrenden Salonpoeten, was Wolff sagt:

> „Wie würd' ich wagen
> Vor Euch die Saiten anzuschlagen
> Unrein in ihrem Klang."

Das ist Schlagsahne! Limonadenbonbon! Nicht die „gnädige Frau" ist unsere Richterin, und sie hat nicht zu bestimmen, was wir wagen oder nicht wagen sollen. Unsere Richterin ist die Kunst, und der Wahrheit nur sind wir Verantwortung schuldig.

Der Wolff'sche „Tannhäuser" ist wie die Helden unserer Gouvernantenromane mit allen Tugenden des Geistes und des Leibes ausgezeichnet, von wunderbarer Schönheit — ich denke sie mir von dem Typus unserer Opernsänger auf der Bühne — der gewaltigste Ritter und Streiter, furchtbar im Kampf, und ebenso gewaltig im Liebe; ein Dichter schmelzender erotischer Lieder, die wir heutzutage der Lovely- und Goldschnittlyrik einreihen würden und welche gewöhnlich von bescheidenen Seelen verfaßt werden, so Krieg und Schlacht nur, wenn man sie „fern in der Türkei" ausficht, zu lieben pflegen. Tannhäuser ist der Sohn des edlen und tapferen Ritters — bei Wolff sind die Männer alle edel und tapfer und die Frauen „ebenso alle" vielschön, viellieb und vielklug — also des tapferen Ritters Adelram von Osterbingen und eines schönen, engelhaften Mädchens aus edlem Geschlecht, welches trotz aller Engelhaftigkeit die Ehe für überflüssig gehalten. In solchen Fällen heißt es bei uns gewöhnlich: „Vater unbekannt", bei Wolff und Heinrich von Osterbingen, unserem Helden, lautet hingegen die Auskunft „Mutter unbekannt". Der Dichter glaubt uns mehr eine Biographie, als ein Charakterbild seines Helden geben zu müssen, und so begleiten wir den letzteren treulich auf allen seinen Jugendfahrten, wie er bei einem Austritte den Sänger Spervogel, das Haupt des fahrenden Volkes, vor schimpflichem Tode errettet, mit dem Gespielen seiner Kindheit, Erwin von Kürenberg, einen abenteuerlichen Pagenstreich unternimmt, nämlich Richard Löwenherz aus seiner Gefangenschaft zu befreien, und wie er nach Mißlingen des Versuches in Reichsacht erklärt, in die Wildnis flüchtet, zu einem Klausner, der in Wahrheit der Dichter Heinrich von Melk ist und ihn beredet ins Kloster zu gehen. Doch auch das Stift zu Abamunt behält den Wildfang nicht. Heinrich von Osterbingen ergeht es, wie so vielen Mönchen unserer poetischen Litteratur; das Lesen von Ovids „Ars amandi" und anderen klassischen Erotika entzündet sein weltlich sinnliches Blut und auf einem Ausflug trifft

er von Neuem den alten sangeskundigen Spervogel, der seine letzten
Zweifel zerstreut. Von den Segenswünschen des Mönches begleitet,
Schwert und Harfe zur Seite, zieht er aus dem Kloster in die Welt
hinaus, um der Liebe zu dienen, denn „der Minne Sang und
Sehnen" lautet die Devise, wie sie an seinem Schilde, um eine
Rose geschrieben, prangt. Der edle Ritter aus der Mancha liegt
uns allen zu sehr im Sinne und Gedächtnis, als daß uns diese Aus-
fahrt nicht ein wenig an ihn erinnerte. Tannhäuser — ein Beiname,
den sich unser Ofterdinger während seines Aufenthaltes beim Klausner
zulegte — hat denn auch, wie die Helden der Ritterromane ein
seltenes Glück bei den Damen und da ist auch nicht Eine, deren
Herz ihm nicht beim ersten Erblicken heiß entgegenschwölle. Alle —
alle halten es für das höchste Glück, gerade ihn minniglich zu um-
fahen. Ich begreife, daß der spanische Don Juan bei seinen 1003
ein arger Realist wurde, welcher mit einem gewissen cynischen Lächeln
die Frauen und die Liebe anzusehen sich gewöhnt hat und dem Grund-
satz huldigt, daß auch die Beste zu haben ist. Ich glaube auch, es
stimmt die Anschauung etwas mehr mit der Wirklichkeit überein, denn
wenn Einer auch nur mit zehn Frauen, so wie Don Juan oder
Tannhäuser, zu thun hatte, wird er immerhin erkannt haben, daß
auch die Frau zuletzt ein Mensch ist, weder Engel noch Teufelinne und
daß das Mysterium der Liebe vom Mann zum Weibe so gar mysteriös
nicht ist, wie unsere Damenlyriker vorgeben. Jene Ungesundheit und
Hysterie, die zum guten Teil in der altprovencalischen und unserer
mittelhochdeutschen Poesie stecken, die baarste Sinnlichkeit, welche sich
hinter weibischem verhimmelnden Augenaufschlag versteckt, ist auch
durch die Kanäle der Nachahmung in die Wolff'sche Dichtung geflossen.

Unser Held Tannhäuser ist kein Tannhäuser, sondern ein
„Veilchenfresser". Wie Wolff hält er seufzend stets ein Auge auf
eine „vieledle Fraue" gerichtet, und sein ganzes Denken und Trachten
geht darauf hinaus, ein minnigliches Lächeln zu erhaschen. Soviel
„Aventiuren" auf erotischem Gebiete er erlebt, sein Charakter ändert
sich nicht. Derselbe bleibt sich gleich vom Anfang bis zum Ende
der Dichtung. Von einer eigentlichen Sinnlichkeit können wir bei
ihm gar nicht reden, eine Schuld ladet er nicht auf sich, er ist und
bleibt ein braver, keuscher, edler Mensch, der alles andere eher vermag, als aktiv zu verführen, wie der dämonische Don Juan. Die
Liebschaften fallen ihm wie reife Früchte in den Schooß und es
bleibt für ihn nur übrig die keuschen Seelchen zu trösten, wie sie

eben getröstet sein wollen. Don Juan ist ein Geier, der seine Zerline zerfleischt — ein Moralist? Nein! Aber ein Dämon — unser Tannhäuser liebt das Bauernmädchen Otta, natürlich ein Bauern=
mädchen, wie wir es von der Oper her kennen:

„Doch es schwebte um das Mädchen
Eine unbewußte Hoheit,"

mit weißen zarten Händchen, weißen Strümpfen und kurzen Ballet=
röckchen, — Tannhäuser schwärmt für dasselbe wie ein Sekundaner:

„Ihn fesselte und bannte
Eine fromme Scheu vor Otta,
Ob er gleich (!) in seinem Herzen
Wirklich Liebe zu ihr fühlte . . ."

Ein Dämon? Nein, aber ein braver Junge, der dem Tann=
häuser der Sage verdammt wenig entspricht. Zum dummen Jungen aber wird der brave Junge in seiner Liebe zu der koketten Jukunde von Streitwiesen, die ihn zu erhören verspricht, wenn er ihr aus dem Odenwald ein Fläschchen Wasser besorgt hat. Liebeglühend macht sich unser armer Heinrich auf die beschwerliche Reise von Wien nach dem deutschen Westen, liebeglühender kehrt er zurück, um den ver=
sprochenen Lohn zu holen, und — findet sein Liebchen lachend an der Seite eines Anderen. Sie hat ihn gründlich zum Besten gehabt. Im Schmucke des Gürtels, den Tannhäuser der Geliebten zum Geschenk gemacht, prangt der Nebenbuhler. Höhnisch begrüßt ihn dieser:

„In manchen lust'gen Stunden haben
Wir seines Gebers auch gedacht,
Und Narren, die nach Quellen traben,
Wol Arm in Armen ausgelacht."

Das ist nun weniger ein Abenteuer aus einem Tannhäuser=
Epos als aus dem „Frauendienst" des konfusen Don Quixote Ulrich von Lichtenstein. Pathetisch überschreibt Julius Wolff dieses Kapitel „Verratene Minne" und mutet uns ernstlich zu, die Geschichte tragisch zu nehmen. Aber wir werden doch derartige Ritternarreteien, wir werden doch nicht den Liebesschmerz eines Ulrich von Lichtenstein uns zu Gemüte ziehen. Wir lachen über den Helden, wie wir über Don Quixote lachen, und wie sein Nebenbuhler ihn verlachte; der brave Tannhäuser ist ein Weibernarr und nicht mal vom Holze des Ritters Dolores geschnitzt: „Den Tanz, Dame, begehre ich nicht," und wirft ihr den Handschuh ins Gesicht, — jedenfalls gefällt uns der besser als der weibische Unterrocksheld unseres zeitgenössischen Poeten.

Verzweifelnd fährt Heinrich von Osterbingen nach so herz=
erschütterndem Ereignis zur Lagunenstadt, wohin ihm das edelste
und schönste Mädchen, Ricchezza Gräfin Montparis folgt, die mit
ganzer Seele und ganzem Herzen ihn liebt. Lange genug mußte
sie ihre Gefühle in der Brust verschließen, bevor sie endlich dem Ge=
liebten ihre Leidenschaft bekannte und in seinen Armen wonnige
Tage und Nächte feiern darf. Jetzt erst, und wir sind bereits am
Ende des ersten Bandes angelangt, vernehmen wir etwas von der
Idee, welche Alfred Ruhemann im Tannhäuser verkörpert sehen will.

Julius Wolff hat diese Gräfin Ricchezza so mit allen Reizen
des Leibes und der Seele ausgestattet, uns erzählt, daß sie mit so
echter, inniger Liebe ihrem Tannhäuser zugethan ist, daß wir im
ersten Augenblick nicht wissen, was unser Held wohl an ihr aussetzen
könnte, warum nicht endlich sein Minnesehnen gestillt ist. Nun denn,
unser Heinrich von Osterbingen ist ein seltsamer Grübler und nichts
gilt ihm Ricchezza, weil sie ihm nicht eine Frage beantworten kann:

Und doch, die alles ihm gegeben
Was für den Mann ein Weib vermag,
Sie konnt' ihm nicht den Schleier heben,
Der über dem Verborg'nen lag.
Er wollte in ihr Inn'res blicken,
Und der Gefühle Macht verstehn,
Wie sie die flinken Boten schicken,
Die stumm von Herz zu Herzen geh'n.
Sie sollte sich auf Flügeln schwingen
Mit ihm in jenes Geisterreich,
In das nur die Gedanken bringen,
Dem keines Sinnes Herrschaft gleich.
Dem Körperlichen weit entrückt
Wo das, was sichtbar ist, erlischt,
Begehrt er sich mit ihr beglückt
Zu eines Odems Hauch vermischt.
„Ricchezza, kannst Du mir verkünden",
So frug er, „was sich in Dir regt,
Wenn mit der vollen Glut Entzünden
Mein Mund sich auf den Deinen legt?
Wie ist Dein Denken, Dein Empfinden
In jenes Augenblickes Spur?
Fühlst Du Dein eig'nes Selbst nicht schwinden,

Als wären wir ein Wesen nur?
Sag' mir, wie sich in Dir gestaltet
Der Liebe höchste Seligkeit,
Was in Dir lebt und webt und waltet
Mit des Gefühles Trunkenheit!"
Doch sie verstand nicht sein Verlangen ...

Ich glaube, es wird den meisten Frauen und Mädchen wie der armen Ricchezza ergehen. Ob sie nicht ein wenig Grauen vor einem so philosophischen Liebhaber bekommen sollen? Ein Mensch, der spekuliert.... Will Tannhäuser Klarheit über das Wesen der Liebe, warum sucht er es nicht aus seinem eigenen Geist heraus zu erkennen? Auch er liebt ja und in diesem Zustande kann er doch zuletzt dieselben tiefen Blicke in das „Mysterium" thun, wie ein armes Mädchen. Er verstößt sie, weil sie nicht weiß, was auch er nicht weiß. Die Adresse ist falsch! Ginge er doch zu den Philosophen, dieselben würden ihm jedenfalls immerhin eine Auskunft geben, wenn auch eine falsche. Übrigens scheint mir, daß der Dichter sich selber nicht ganz klar gewesen ist über das was er wollte; was er da niedergeschrieben, ist verworren. Aber es läßt sich deuten.

Offenbar hat unser Tannhäuser den Plato gelesen oder doch etwas von der platonischen Liebe gehört; vielleicht auch wußten einige vom heiligen Land zurückgekehrte Kreuzfahrer und Pilger ihm von der orientalischen Mystik, vom Sufismus zu erzählen. Und er sucht nun jene Liebe der Mystiker, welche frei von aller Fleischlichkeit und Leiblichkeit eigentlich nichts mehr mit der Liebe vom Mann zur Frau zu thun hat, oder doch dieselbe nur als Ausgangspunkt ansieht, die Liebe, welche nach Rückert-Rûmi das „Ich, den dunkelen Despot" vernichtet, die Wesen ganz ineinander aufgehen und versinken läßt, so daß die Zweiheit zur Einheit wird; höchst gesteigerte rein göttlich=geistige Freundschaft=Liebe, die alles Irdische, alles Sinnlich=Geschlechtliche weit unter sich läßt.

Tannhäuser fragt demnach die arme Ricchezza, ob sie dieses rein Geistige für ihn empfindet, oder ob nicht das blos Sinnliche vorherrscht; das Sinnliche befriedigt ihn nicht, denn er ist Platoniker und Mystiker, ein überirdischer Erjäger der Seelenfreundschaft. Gewiß wäre die künstlerische Ausgestaltung eines so Faustischen Charakters, eines solchen Seelenproblems eine That ersten Ranges, aber ist es unserem Dichter wirklich Ernst um die Sache, faßt er sie an der Wurzel an, oder läßt er seinen Helden nicht für den Augenblick einige schöne Phrasen sprechen, nach denen er gar nicht handelt, die er gar nicht versteht und welche er morgen vergessen hat?

Ist wirklich Ricchezza nicht jene erhabene Frauengestalt, die Tannhäuser allein befriedigen kann, ist sie ein rein sinnliches irdisches Wesen, ... nun, so hätte der Dichter auch ihr dahin gehende bestimmte Charakterzüge verleihen sollen, daß wir sofort wissen, wen wir vor uns haben. So wie sie jetzt geschildert wird, ist sie eine jener verschwommenen himmelblauen Idealfiguren, denen jedes nähere Signalement fehlt und die wir nur als edel, schön und gut kennen lernen. Ich sehe keinen durchschlagenden Unterschied zwischen ihr und der eigentlichen Heldin Irmgard, weiß nicht, daß diese an leiblichen und geistigen Vorzügen höher steht, als jene und darum den Heinrich von Osterdingen mehr fesseln soll.

Aber lassen wir Ricchezza immerhin ihres übergeistig-unsinnlichen Liebhabers unwert sein, mag sie mit dem ersten Bande ins Grab der Vergessenheit sinken und verfolgen wir unseren Ritter weiter auf seiner Fahrt nach der echten Liebe. Die teils harmlosen, teils komischen Abenteuer mit Deliane, Otta und Jucunde und den tausend Namenlosen lerten uns einen recht braven, verliebten Jüngling kennen, dem wir alles eher als Platonische Ideale zugetraut hätten. Plötzlich enthüllt er uns, was sein tiefstes Sehnen ist, freilich in Worten, und Worten traut man nicht so recht, am wenigsten in der Poesie. Entspricht ihnen nicht die That, so ist's ein leeres Phrasendreschen, ein Bramarbasieren.

Die Liebe zur Gräfin Montparis ist vergessen, und Tannhäuser gelangt auf seinen Weltfahrten zur Wartburg hin, wo er die Gespielin seiner Jugend, Irmgard von Kürenberg, nach langen Jahren wiedersieht. Ohne daß sie sich es gegenseitig gestanden, waren beide in den schönen Tagen der Kindheit einander zugethan, und diese Liebe hat all die langen Jahre und auch die übrigen Neigungen Tannhäusers überdauert. Die alten Gluten flammen in Beider Herzen auf und gewiß würde es bald und rasch zur Heirat und zum glücklichen Ende der Dichtung kommen, wäre Irmgard nicht an einen wackeren Ritter verheiratet. Derselbe aber hat lange nichts von sich hören lassen, mit dem König zog er zur Schlacht hinaus und ist seitdem verschollen geblieben. Wahrscheinlich fiel er, doch wer weiß? Irmgard möchte es gern wie Frau Martha Schwerdtlein verbrieft und versiegelt haben, sie fürchtet eine etwaige Tragödie der Bigamie und will sich nicht eher dem Geliebten ganz hingeben, als bis sie sichere Kunde vom Tode ihres Gatten hat. Spervogel, der alte Fiedeler, wird auf Kundschaft ausgeschickt. Zu lange bleibt er für den liebeglühenden Tannhäuser aus, und da kommt etwas Seltsames über unseren Minneritter! Er, der sich bisher den Damen gegenüber, man kann nicht anders sagen, äußerst korrekt und anständig benommen hat, und immerhin eines Tugendpreises würdig gewesen wäre, denn er tröstete nur die armen Frauenseelen, die durchaus von ihm getröstet sein wollten und sich ihm geradezu an den Hals warfen — mein Gott, man wird's ihm nicht zur Schuld anrechnen! — eines Tages tritt dieser Tugendhafte vor die Geliebte hin, um mit dem ganzen nur ihm eigenen Selbstgefühl zu erklären, wie die Liebe aller anderen Wesen nichts gegen die seine ist. Tannhäuser ist vor seiner Gottähnlichkeit nicht bange:

„Ich liebe Dich wie unter Sternen
Und über ihnen nie geliebt!
Wenn vor des Weltalls letzte Fernen
Die Ewigkeit den Riegel schiebt,
So bist von den lebend'gen Wesen,
Die je gebar, begrub die Zeit,
Du das geliebteste gewesen,
Unfaßlich jeder Endlichkeit.
Ja! schaue mich nur an mit Augen,
So freudenstolz, so voll von Glanz,
Laß alle Deine Sinne saugen
Mein jubelnd Wort, Du hast mich ganz."

Etwas Größenwahn, aber sonst recht hübsch. Ich bin wirklich gespannt gewesen, zu welch' himmlischen Höhen wohl solch ein Liebhaber, der da liebt, wie nie unter und über Sternen geliebt ist, eine Frau emporzuführen vermag, was dessen Sehnsucht wohl ausfüllen kann. Die platonischen mystischen Ideen, welche er vor Gräfin Ricchezza ausbreitete, lassen ja vieles ahnen! Fieberhaft erregt las ich weiter und oh — — Nun ja, menschlich ist's — — „Na, na!" . . . sagt der heilige Antonius von Padua nach dem Zeugnisse Wilhelm Buschens. Eigentlich schäme ich mich, es zu gestehen, es ist unfaßlich, aber was dieser Tannhäuser will, das triviale Facit seiner Bravourarie . . . nun, er will genau dasselbe, was jeder Hans von seiner Gretel will. Parturiunt montes . . .

„Wenn vor des Weltalls letzte Fernen
Die Ewigkeit den Riegel schiebt . . ."

Aber so, glaube ich, wird sehr viel gerade unter den Sternen geliebt, Herr Julius Wolff.

Ja, was soll man nun von unserem Tannhäuser halten? Vor Gräfin Ricchezza schwärmt er von Platonischen Idealen, von der Entrückung alles Körperlichen ... und siehe da, bei Irmgard wird der rein geistige übersinnliche Liebhaber plötzlich zum bösen und argen Realisten, der vor allem die „schrankenlose Hingabe" wünscht, wie es poetisch heißt. So waren jene mystischen Redensarten also doch leere Phrasen, — aufgefangene und unverstandene Worte; Renommistereien oder gar arge Verlogenheiten. Schrankenlose Hingabe! Aber die hat ja Tannhäuser überall gefunden, bei Deliane, bei der Gräfin Montparis, und ging sein Sehnen darüber nicht hinaus, nun so konnten jene Damen dasselbe ja stillen und die Dichtung hätte mit Fug und Recht ihr Ende genommen. Dieser Tannhäuser weiß entschieden selbst nicht, was er will und solch ein Geschöpf sollen wir als einen Zwillingsbruder des Faust hinnehmen?

In ihren keuschesten Frauengefühlen verletzt, weist Frau Irmgard empört und zornglühend dem Geliebten die Thür. In wildester Bewegung stürzt Tannhäuser davon.

So sehr ich nun zugeben will, daß sein Verlangen nicht schön und eigentlich für eine anständige Dame eine starke Zumutung war, so wird man es dennoch als die That einer einzigen schwachen Stunde, der ein sonstiges völlig reines und hochanständiges Leben gegenübersteht, immerhin zu verzeihen wissen. Tannhäuser war stets ein tabelloser Gentleman den viellieben Frauen gegenüber, nie wagte er's, vor ihnen die Saiten anzuschlagen, „unrein in ihrem Klang", und das dürfte selbst bei der prüdesten Oberhofmeisterin schwer ins Gewicht fallen: nein, eine Todsünde hat er nicht auf sich geladen, und wollte er nur gelegentlich wiederkommen, so würde gewiß auch Irmgard ihm verzeihen, denn nichts verzeiht ja eine Dame leichter, als wenn man sie liebt. Und hätte er nur drei Tage sich noch geduldet, — längst ist ja Spervogel schon auf der Heimreise begriffen und trägt auf seiner Zunge die fröhliche Botschaft, daß der Gatte wirklich und wahrhaftig in der Schlacht gefallen ist. Nichts stände der „schrankenlosen Hingabe" mehr im Wege.

„Konntet Ihr denn
Die drei Tage nicht noch warten?"
fragt Spervogel später, da leider Tannhäuser schon mit der Venus Bekanntschaft gemacht hat.

„Nur drei Tage! grausam Schicksal!"
grollt Julius Wolff mit den bekannten oberen Mächten:
„An drei kurzen Tagen schwebte
Zweier Menschen Glück und Zukunft.
O wie anders, wie ganz anders
Wär's gekommen, wenn Tannhäuser
Vor dem letzten Ritt zu Irmgard . . .
Den Gedanken auszudenken
Führt zum Wahnsinn!"
„Wie ganz anders wär's gekommen!" Gewiß! Tannhäuser wäre fröhlicher und biederer Familienvater geworden, hätte man damals schon Eisenbahnen oder auch nur Extraposten gekannt, endlich wissen wir's doch, an den schlechten Verkehrswegen liegt das Unglück. „Grausam Schicksal!" Ja, das arme Schicksal, d. h. eigentlich der Zufall muß immer für die Dummheiten der Herren Poeten die Gerichtskosten bezahlen. Vergl. die Motivirung im „Rattenfänger".

Im Ernste gesprochen: Julius Wolff steht auf dem Punkte, wo er mit dem eigenen Geiste nicht weiterkommt. Aus dem finsteren, tief in Schuld und Sünde verstrickten Helden der Sage hat er nichts als einen etwas eitlen, selbstgefälligen und phrasenhaften, aber sonst ganz braven, wackeren Lovelypoeten zu machen verstanden, der nichts auf dem Gewissen hat und wohl eine Lustspielfigur, aber niemals einen tragischen Helden abgeben kann. Alle und jede Motivierung bleibt er uns mit einem seltenen Geschicke schuldig. Endlich fühlt nun der Dichter selber das Unvermögen, eine Komödie, in der alles auf Hochzeit und Heirat hindrängt, aus eigener Kraft noch zu einem Tragödienschlusse hinzuführen; aus dem Innern heraus, psychologisch einen tragisch-dämonischen Charakter zu gestalten, sieht er sich außer Stande. Und siehe da, die Schalen, nicht den Kern, welchen ihm die alte Sage darbietet, greift er noch dankbar auf. Das Wunder, der Aberglaube, muß die Psychologie ersetzen, und es wird uns wirklich zugemutet, daß wir uns mit dem Mittelalter von dem Venusgespenst in wilde Furcht sollen jagen lassen.

Von Irmgard hinausgewiesen läuft Tannhäuser schnurstracks in den Hörselberg hinein, und mit den Tönen des höchsten Pathos, als das Schauerlichste und Schrecklichste, was je einem Menschen zustoßen kann, wird uns nun etwas erzählt — ja, ich kann mir nicht helfen, es erinnert lebhaft an das tragisch-komische Abenteuer Heinrichs von Osterdingen mit Jucunde von Streitwiesen. Venus empfängt ihn in der aus der Wagner'schen Oper und auch sonst bekannten Ausstattung; die Dekorationen sind ganz hübsch dem Viktoriatheater abgesehen. Von der Schönheit und den Liebreizen der „Balandinne" berauscht, sinkt Tannhäuser ihr zu Füßen, um sie — anzubeten und dem Christentum abzuschwören:

„Den Göttern da oben, Vater und Sohn
Und dem Geist will den Rücken ich kehren . . .
Ich fluche der Jungfrau mit Engelsleib . . .
Venus, o Venus, Dich bete ich an . . ."

Kaum hat die Teufelinne ihn so weit gebracht, als sie grell auflacht . . . und nach wenigen Augenblicken sieht sich unser armer Schächer zum zweiten Male vor die Thür gesetzt, diesmal vor die Thür des Hörselberges. Wie Jucunde von Streitwiesen macht sich auch Venus einfach lustig über den Gesellen, dessen „Liebe nichts gleichet", der liebt, „wie kein sterbliches Wesen", und wer den Schaden hat, darf für den Spott nicht sorgen.

Wohl, ich will mich in die Anschauungen des Mittelalters künstlich hineinversetzen, will den Sündenfall unseres Helden wirklich als so außerordentlich schrecklich ansehen, aber was fange ich dann mit dem größten übrigen Teil, mit sieben Achtel der ganzen Dichtung an? Was sollen nur all die vorhergehenden Geschichten und Abenteuer, die gar keine Beziehung zum Kern der Handlung haben, warum erzählt uns der Dichter mit so geschwätziger tödtlicher Breite allerhand gleichgiltige Dinge, die ohne Schaden für das Ganze einfach ausgeschieden werden könnten? Selbst der Schwärmer Alfred Nuhemann hat etwas davon empfunden, wenn er zaghaft meint, daß doch manche Seite hätte ganz fortbleiben, manches Kapitel gekürzt werden können. Nicht nur manche Seite! Eine bloße Exposition, die sieben Achtel des ganzen Werkes einnimmt . . . das ist denn doch etwas zu viel!

Das weitere Schicksal Tannhäusers nimmt teilweise den bekannten Verlauf! Vergebens sucht er beim Papste Verzeihung für seine Sünde, verpöhnt und fluchbeladen kehrt er nach Deutschland zurück und findet dort Zuflucht auf dem Schlosse seines Jugendfreundes Erwin von Kürenberg. Gott spricht für ihn und läßt den päpstlichen Stecken grünen, und so könnte denn auch jetzt noch unser Held seine Irmgard fröhlich als Gattin heimführen, denn wenn der Himmel selber ein augenscheinliches Wunder thut, so brauchte sich der so außerordentlich begnadete Mensch doch wirklich nicht mehr zu grämen. Leider ist Tannhäuser päpstlicher als der Papst und scheint trotz aller

Wunder zu dem lieben Gott doch nicht ein so rechtes Zutrauen zu hegen. Er erklärt, daß all das nicht den Stachel aus seiner Brust zu ziehen vermag und daß er doch lieber nichts mehr mit dem Weibe zu thun haben will. Nur die Kunst soll seine zukünftige Geliebte sein, — setzt sich hin und schreibt — das „Nibelungenlied."

Ich muß noch einmal ausholen. Julius Wolff hat nicht umsonst viel Zeit und Lust auf das Studium der mittelhochdeutschen Poesie und ihrer Geschichte verwandt, nicht umsonst ist er ein Sohn des Volkes der Gelehrten: auch in ihm regte sich der Bücherwurm und stachelte ihn an, eine — Litteraturgeschichte in Versen zu schreiben. Die Lorbeern Georg Ebers' ließen ihn nicht schlafen, und gar zu gern hätte er mit dem Kranze der Dichtung auch den Zweig wissenschaftlichen Ruhmes um seine Stirn geflochten, und die dunkle Frage nach dem unbekannten Dichter des Nibelungenliedes gelöst. Und siehe da, das ganz Zusammenhangslose stellt er äußerlich nebeneinander: sein Epos fällt in zwei völlig getrennte Teile auseinander, zur Rechten wie zur Linken sieht man einen halben Tannhäuser herunterfinken; dort den Tannhäuser, den Ritter der Minne, hier den Tannhäuser, den gewaltigen Sänger des Nibelungenliedes. Was Tannhäuser als Dichter durchmacht, sein Kampf mit Wolfram von Eschenbach u. s. w. u. s. w., das alles sind Einschachtelungen, welche mit der eigentlichen Hauptaktion nichts zu thun haben und den Gang, die Entwickelung derselben nur auf Schritt und Tritt hemmen. Alfred Ruhmann meint, daß Julius Wolff „durch die zwingende Macht seiner Verse (!) auf die natürlichste Weise von der Welt (!) immer mehr bewies, daß Tannhäuser und kein Anderer der Erzeuger des Nibelungenliedes sein mußte". Wehe, wehe, sollte es unserm Schildträger Julius Wolff's einmal einfallen, eine Litteraturgeschichte zu schreiben; was dazu wohl unsere Universitätsprofessoren sagen würden! Es sind einige dunkle litterarhistorische Gerüchte, auf welche Julius Wolff sich wissenschaftlich stützt; den Tannhäuser der Geschichte, den Verfasser kecker Spottlieder auf die Unnatur der ritterlichen Minne bringt er zusammen mit dem Helden des bekannten Gedichtes „vom Wartburgkrieg", Heinrich von Osterdingen, der Wolfram von Eschenbach, Walter von der Vogelweide und die andere Poeten der Zeit zu einem Sängerwettkampf auf Tod und Leben herausforderte. Ganz eigene Machtvollkommenheit aber ist es, wenn Julius Wolff seinen Helden auch zum Dichter des Nibelungenliedes und zugleich — jenes etwas verworrenen Gedichtes vom Zwergkönig „Luarin" ernennt. Aber der „Luarin" und das „Nibelungen=

lieb" sollen beide aus der Feder eines Dichters geflossen sein? Oh, da ist der ästhetische Unterschied denn doch ein gar zu großer. Freilich, wissenschaftlich will das Ganze gar nicht genommen werden, und mehr als eine gelehrte Spielerei wurde wohl nicht beabsichtigt, konnte der Dichter auch nicht geben. Aber was er immerhin geben konnte, ist ein innerer psychologischer Nachweis. Wenn nicht unser Verstand überzeugt, so will doch wenigstens unser Gefühl überredet werden, daß der Wolff'sche Tannhäuser fähig ist, ein Lied, wie das von der Nibelungen Not zu singen. Gestützt auf die Thatsache, daß die großen Dichter fast immer eine „Gelegenheitspoesie" schreiben und in ihre Werke die eigenen Erlebnisse und Schicksale hineinverflechten, hätte Wolff ja Anleihen bei dem Stoff und den Charakteren des Nibelungenliedes machen und erklären können: sieh diesen seinen persönlichen Bekannten hat mein Tannhäuser später zum Vorbild seines Hagen, seines Rüdeger von Bechlaren, seiner Brünhild, seiner Kriemhild, seines Etzel genommen. Aber nichts von alledem! Ich frage wirklich, welch ein Zug, welch ein Charakter, welch ein Ereignis kann nur irgendwie in Betracht kommen? Der Wolff'sche Sänger ist alles in allem ein zahmer Erotiker, gut, ich will barmherzig sein und zugeben, daß er im besten Falle „Tristan und Isolde" hätte dichten können, — aber die „Nibelungen?" Das ist doch keine Minnepoesie, kein zärtlicher Minnesang für unsere liebe Frauen- und Backfischwelt? Nein, um Gotteswillen nicht!

Eine Litteraturgeschichte in Versen! „Wer nur immer in der Hohenstaufenzeit einen berühmten Namen als ritterlicher oder überhaupt als Minnesänger getragen hat, jedes geschichtliche Ereignis von Bedeutung — Alles hat der Dichter in seinem Minnesang, beziehungsweise in der Anlage desselben in Berechnung gezogen", ruft Alfred Ruhemann freudetrunken aus. Ja, das ist wahr! Man kann in diesem Gedichte keinen Schritt thun, ohne daß man nicht über eine Berühmtheit stolpert. Freilich spielen unsere Berühmtheiten nicht gerade immer eine erhebende Rolle. Sie gleichen den Königen auf der Bühne, welche während eines Aktes stumm auf dem Throne sitzen und höchstens mit dem Kopfe nicken dürfen. Sie tragen einen stolzen Namen, stehen an der Spitze des loyalen Theaterzettels, aber werden von Statisten gespielt: Fürst Bismarck tritt auf: „Die Pferde sind gesattelt!" (Ab.) Diesem Fürsten Bismarck gleichen auch durchschnittlich die Berühmtheiten Julius Wolff's. Ein Bote kommt aus dem heiligen Lande und überbringt in einigen kurzen Worten die Nachricht vom Tode des alten Abelram von Osterdingen. Ein namenloser Pilger hätte das gewiß

ebenso gut besorgt, aber Julius Wolff hat nun einmal eine gewisse
Schwäche für vornehme Personen: dieser Bote ist kein anderer als
Dietmar von Aist. Ebenso entscheidend greift Hartmann von Aue in
die Handlung ein, denn er hilft einmal unserem Helden den Panzer
anziehen. Doch das sind schon zwei Berühmtheiten, die damit bedeut=
sam hervortreten: es sind Röllchen! Die meisten thun überhaupt
nichts, als — genannt werden. Wo unsere Theaterzettel zu ver=
zeichnen pflegen: „Damen und Herren der Gesellschaft. Diener.
Stumme Personen. Comparserie," heißt es bei Julius Wolff: „Berühmt=
heiten des Mittelalters." Wenn das nicht Zeitkolorit und echte Ge=
schichtspoesie ist!

Alles in Allem ist der Minnesang vom „Tannhäuser" ein ver=
spätetes Reislein am Baume der Amadis von Gallien=Litteratur, die
also trotz Cervantes noch nicht ausgestorben ist, kein Epos, sondern
ein versificierter Ritterroman mit all den längst verspotteten Eigen=
schaften desselben: den individualitätslosen übertapfren, edlen, starken
Recken, die auf Kriegs= und Liebesabenteuer ausziehen, alle Feinde und
alle Frauenherzen bezwingen, mit den ebenso schönen, edlen und klugen
Damen, den Bauernmädchen, die eigentlich verkleidete Prinzessinnen
sind u. s. w. Wie in der Schäfer= und Ritterpoesie, wie bei Monte=
mayor, d'Urfé, Sannazzaro, wie in den zahllosen Nachahmungen des
Amadis dreht sich alles um ritterliche Kämpfe, Turniere, Festlichkeiten
und vor allem um Liebeserlebnisse. Aber diese Liebe ist ein Ding der
vollen Ungesundheit, und widerspricht aller psychologischen Wahrheit.
Eine weibische Galanterie, Lüsternheit, welche sich hinter der Prüderie
versteckt, gespreizte euphuistische Liebesphrasen u. s. w. u. s. w., das
ist alles dagewesen, wir haben mit Cervantes herzlich über die Ge=
schmacklosigkeiten unserer Vorfahren gelacht und uns über ihre
ästhetische Verwilderung verwundert: aber siehe da, mitten unter uns
blüht sie in voller Pracht wieder auf, zärtlich wird sie von unserer
Kritik gehegt und gepflegt, in fünfundzwanzigtausend Exemplaren breitet
der „Tannhäuser" sich über das Land aus — — — ja, sie wollen
nichts hören und nichts sehen . . . Nichts lernen und alles vergessen, —
das ist unsere Kritik und das ist unser Publikum!

* * *

Opern= und Operettengeist führte Julius Wolff der geschichtlichen
Poesie in die Arme. Es scheint als könne die Opernbühne der bunten
Kostüme, der silbernen Rüstungen, der wallenden Mäntel, des „Scharlach,
Pfellel, Siglet und Sammt" nicht entbehren; ihre Wirkung auf die

große Menge beruht eben in ihrer Sinnlichkeit und daß sie nicht nur einen Sinn, sondern möglichst alle Sinne, vor allem auch das Auge, zu berauschen sucht. Jede reine Unterhaltungspoesie thut nur gut, der Oper auf diesem Wege zu folgen. Das allgemeine Publikum freut sich ebenso gut wie im Theater so auch beim Lesen seine Schaulust befriedigen zu können, und greift in den Stunden der Muße immer lieber nach den Romanen, welche wie der „Monte Christo" ihm allerhand bunte Phantasien vorgaukeln, als nach den ernsten Schöpfungen der Wahrheit. Wie unsere Männlein und Fräulein sich selbst im bunten Maskenkostüm mit besonderem Genuß erblicken, so sehen sie auch auf dem Theater und in der Poesie ihre Helden lieber im Tricot, im goldgestickten Wams, die „Hahnenfeder auf dem Hut", als in weißer Binde und nüchternem Gesellschaftsrock. Die Vorliebe für die sogenannte historische Poesie stützt sich mit auf diese geistige Schaulust, und der Aufschwung unseres Kunstgewerbes, der bildenden Künste im Allgemeinen, der „Farbenrausch", die Begeisterung für die dekorative Malerei Makarts, wie wir sie nach 1870 bei uns erlebt haben, steht in tiefem inneren Zusammenhang mit dem Modegeschmack für den historischen Roman in Prosa und in Versen, der aber eigentlich kein historischer, sondern nur ein Kostümroman ist.

Die Schale statt des Kernes, die Aeußerlichkeit statt der Innerlichkeit, das ist auch hier der Charakter dieser Poesie. Es ist ja zu hunderten Malen wiederholt, und nur der größte Unverstand kann widerstreiten, daß all die Menschen, welche wir als alte Teutsche, Egypter, Babylonier kennen lernten, ganz modern fühlen und denken und daß die mittelalterlichen Helden und Heldinnen Julius Wolff's dem Mittelalter ebenso wenig angehören, wie auf unseren Maskenbällen die Herren und Damen, welche sich in Ritter oder in Burgfräuleins verkleideten.

Ich bin nicht gegen die Gattung der historischen Poesie und habe auch noch keinen ästhetischen Grund gelesen, wonach sich dieselbe einfach verwerfen lassen könnte. Was die Verquickung von Kunst und Wissenschaft, Dichtung und Kulturhistorik angeht, so läßt sich genau dasselbe gegen den heute so vielfach als erlösenden Heiland gepriesenen zeitgenössischen Sittenroman einwenden. Auch die Gegenwart ist Vergangenheit und in Wahrheit giebt es kein Präsens. Diesen Künstler ergreift das Bild der heißen stauberfüllten Großstadt, daß ihn die Begeisterung überkommt, es in Farben und Worten festzuhalten, jenen entzückt die im Sonnenlicht brütende todte Haide; und wenn den Einen die buntbewegte Gegenwart erfaßt, so flüchtet der Andere lieber vor den Eindrücken des Tages in die Vergangenheit. Die Wiedergabe von Menschen aus früherer Zeit ist ebenso gut ein Schaffen und Gestalten, wie es die Darstellung zeitgenössischer Menschen ist. Vom rein ästhetischen Standpunkt aus läßt sich nichts dagegen einwenden.

Freilich nennen wir fälschlich jede Dichtung eine historische, deren Handlung — ich möchte sagen, zufällig — in einem fünfzig oder mehr Jahre hinter uns liegendem Zeitraume spielt. Aber das ist durchaus äußerlich.

Ganz uneigentlich bezeichnen wir den „Wallenstein" und ähnliche Dichtungen als historische Tragödien, und nichts ist thörichter, als wollte man, wie es noch immer häufig genug geschieht, und heute in falsch verstandenem Realismus sogar mehr als sonst, schulmeisterlich, diese Werke vom Standpunkte des Geschichtsschreibers aus kritisiren. Wer über den dreißigjährigen Krieg und die Kultur jener Zeit aus dem Wallenstein Belehrung schöpfen wollte, begehrt vom Schneider, daß er ihm die Schuhe versohlt. Jene sind allgemein-menschliche Ideen= dichtungen, die nichts verkörpern wollen, als eine metaphysische oder sittliche Idee, eine allgemeine Leidenschaft, die sich in allen Zeiten gleich bleibt oder einen Menschheits=Charakter, wie er unveränderlich immer wieder auftaucht. Gerade die Ideendichtung geht gern in eine oft willkürlich angenommene und immer willkürlich geschilderte Vergangen= heit zurück, um sich völlig frei bewegen zu können, was ihr eine zurück= liegende Zeit mehr erlaubt, als die Gegenwart. Wer eine Tragödie des Ehrgeizes etwa schreiben will, und dazu Stoff und Charakter der Gegenwart entnimmt, ist sich der Gefahr ausgesetzt, daß er in kleinere Verhältnisse seinen Helden stellen muß, welche die vollste und größte Entfaltung jener Leidenschaft verhindern, ein Napoleon des Comtoirs oder des Bureaus hat immer etwas Beengendes an sich; oder der Dichter überlastet sein Werk mit zu viel Schilderungen der vorübergehen= den Zustände der Gegenwart und eines bestimmten Ortes, was wiederum die reine und klare Ausprägung der Idee verhindert, und die volle Wirkung auf die Menschen aller Zeiten und Länder verhindert (Tolstoi's „Macht der Finsterniß"). Berücksichtigt er aber nicht diese Zu= fälligkeiten, unterläßt er, was er überhaupt nicht will und soll, die scharfe und bestimmte Darstellung unserer Zeit, nimmt er etwa gar einen König oder sonst eine hervorragende Person an, die gar nicht existirt, so wird aller sonstiger, rein künstlerischer Realismus den Zu= hörer, der eben nicht blos ein ästhetisches Gewissen hat, nicht davon überzeugen, daß er in einer wirklichen Welt sich befindet. Er wird alles als Phantastik empfinden.

So bewegt sich denn die große Ideendichtung am liebsten in der Vergangenheit, ohne daß sie deshalb beansprucht, eine „historische Dichtung" genannt zu werden. Sie muß sich sogar verzweifelt dagegen wehren.

Die Erzeugnisse einer wirklichen Geschichtspoesie sind ebenso selten wie weiße Raben. Sie lassen sich an den zehn Fingern herzählen. Einen Typus dieser Gattung besitzen wir Deutsche an der Meinhold'schen Bernsteinhexe. Das Genre beansprucht allzu eigenartige Geistesanlagen, als daß man sich über diese Seltenheit verwundern könnte, muß doch der Pfleger desselben zuletzt im Stande sein, all der Bildung und Erziehung seiner Zeit sich zu entäußern und sich in eine völlig andere Gedanken- und Empfindungswelt zu versetzen. Eine Geschichtspoesie ist nur diejenige, welche die nicht allgemein menschlichen, nicht bleibenden, sondern zufälligen und die für einen bestimmten Zeitabschnitt charakteristischen, ihm den Stempel aufdrückenden Verhältnisse und Zustände, Charaktere und Personen wahr und richtig gestaltet. Sie muß eine abgeschlossene Zeit in ihrem eigentlichsten Kern erfassen. Wenn Meinhold die Hexenverfolgungen schildert, so thut er es mit einer Wahrheit und Wirklichkeit, er überzeugt uns von deren Barbarei besser, als es irgend ein Geschichtsschreiber vermöchte, gerade deshalb, weil er nicht wie der Historiker, der die moderne Anschauung und unsere Bildung vertritt, über, sondern selber mitten im Banne des Teufelsglaubens stand und ehrlich, wie ein Hexenrichter nur, an die Weisheit des Hexenhammers glaubte.

Sollen die Wolff'schen Epen ernstlich als Darstellungen des eigentlichen mittelalterlichen Lebens genommen werden? Was ist denn charakteristischer für dasselbe als sein religiöser Geist? Er hätte uns in das Seelenleben der für die Zeit bezeichnendsten eigenartigsten Persönlichkeiten einführen müssen; eines Gregor, eines Innocenz, der Männer der Scholastik, eines Peter von Amiens, eines ritterlichen Kreuzfahrers und zuletzt auch gegebenen Falls in das eines Freigeistes wie Friedrichs II. Aber er hätte es schildern müssen, wie es wirklich gewesen, nicht wie es die Allgemeinheit in leerer Sage sich heute vorzustellen pflegt. Gerade das Charakteristische vermissen wir, seine Menschen sprechen und denken, ohne daß Sprache und Gedanken scharf bestimmtes Mittelalter verraten. Trocken und nüchtern bringt er die Schilderung eines Historikers in Verse:

„Mit den Streitern, die vom Kampfe
Um das Grab des Auferstand'nen
Mit dem Kreuzzug wiederkehrten,
War ein neuer Geist, gewaltig
Alldurchdringend, allbelebend
Übers Abendland gekommen u. s. w.

Gerade so heißt es im kleinen „Weber" auch. Aber das ist keine Poesie, sondern versificirte Prosa. Oder es müßte keinen Unterschied zwischen Poesie und Geschichte geben. Nicht in Worten wollen wir hören, sondern in Gestalten sehen. Es ist doch keine Geschichtsdichtung, wenn wir gelegentlich von dem Streite der Päpste mit den deutschen Kaisern hören, wenn hier und da eine geschichtliche Thatsache erwähnt wird. Wodurch zeigen sich denn all diese Männlein und Weiblein im „Rattenfänger", wie „im Tannhäuser" gerade als Kinder ihres Jahrhunderts, was sagen und fühlen sie, was nicht unsere Zeit ebenso sagt und fühlt, was nicht raum= und zeitlos wäre. Höchstens in der Schilderung des „Minnehofes zu Avellenz" steckt etwas von Charakter, denn dieser Liebeshof ist allerdings nur in jener Zeit möglich, ... aber soweit wir sonst auch blicken und so bunt uns von all den mittelalterlichen Kostümen vor Augen wird, im Mittel= alter befinden wir uns nicht, und selbst wenn uns nicht direkte Anachro= nismen, — nein Antichronismen! davon überzeugten. Die Schwärmerei Tannhäusers für die Antike ist denn doch etwas gar zu verfrüht.

Hoffentlich werden die Vertreter der pseudohistorischen Poesie, des letzten Schoßkindes der litterarischen Mode, nicht die Kühnheit haben und jenes Recht für sich beanspruchen, welches wir der Ideendichtung eingeräumt haben. Was es mit den Ideen, mit der Charakterentwick= lung auf sich hat, erfuhren wir ja für Julius Wolff gründlich genug auf den vorhergehenden Seiten. Nein, es ist eine Dichtung ganz und gar der Handlung und der Unterhaltung, ohne alles höhere geistige Leben, bei der es nur darauf ankommt, ob sie „sich kriegen" oder nicht, und in welcher die Ereignisse nicht aus dem Innern heraus= wachsen, sondern äußerlich oder ganz zufällig auftreten. Der Leih= bibliothekenroman, der Roman unserer illustrierten Familienblätter, im Maskenanzug. Man sollte es sich ernstlich angewöhnen, damit nicht immer Verwechslungen vorkommen und damit unsere Kritik allmählich wenigstens jene hunderte von alles= und nichtssagenden Ausdrücken los wird, wie „das Schöne", „Furcht und Mitleid", „Idealismus", unter denen sich ein Jeder etwas Anderes denkt, ... so sollte man sich auch angewöhnen, unsere pseudohistorische Poesie als das, was sie ist, zu bezeichnen, als Kleider= oder Costümpoesie. Wenn Julius Wolff, wie es seine Dichtung thut, mit einigen provencalischen Brocken um sich wirft, statt Frau Fraue sagt, statt Kleidung Wat, statt Wohlan! Waffena, statt Kampf Puneis und wenn er auf einem Künstlerfest erscheint eine „Schwalbe" oder „Rotte" in der Hand, geschmückt mit „Brünne", „Lendner" und „Härsenier", so ist er ebensowenig dadurch ein Tannhäuser, ein Minnesänger oder einer vom fahrenden Volk geworden, wie seine Poesieen historische sind. Kleider machen Leute, aber keine Seelen, keine Charaktere!

* * *

Aber unser Dichter beherrscht die Form geradezu mit phäno= menaler Meisterschaft, seine Sprache, sein Vers beweisen allein schon eine echte Künstlerschaft und da ist auch nicht ein Kritiker, der nicht die Form seiner Dichtungen bewundert hätte!

Wäre dies wirklich der Fall, so würde dies für mich nicht nur schwer in die Waagschale zu Gunsten Julius Wolffs fallen, ich würde ihm nicht nur viel abbitten, nein alles! Ich würde sogar sagen, er ist ein Dichter ersten Ranges, denn Form und Inhalt sind in der Poesie und in der Kunst so unzertrennlich verbunden, daß ich keine Dichtung kenne, in der sich nicht Form und Inhalt so entsprechen, daß man vom einen völlig aufs andere schließen kann. In der echten Dichtung ist die Form immer schön, echte Dichtung und schlechte Form ist ein Widerspruch, mehr noch, ein Ding, das es überhaupt nicht giebt.

Freilich, wer nach der Lektüre von Beyers oder Kleinpaul's Poetik über Form urteilen will, wird das wohl nicht einsehen. Er erinnert sich vielleicht mit Entsetzen, daß Leute wie Goethe im Stande waren, Kartoffel auf Häring zu reimen oder doch so etwas ähnliches. Selten habe ich auch eine Kritik über eine neu erschienene Gedichtsammlung gelesen, ohne daß nicht der äußeren Form einige belobende oder gar be= wundernde Worte gewidmet gewesen wären. Welch erfreuliche Rück= schlüsse ließen sich daraus auf den augenblicklichen Stand unserer Literatur machen. Leider habe ich dabei immer eins feststellen können: Formal schön nennen unsere Kritiker jede Dichtung, in welcher kein unreiner Reim vorkommt und in welcher die Rhythmik ganz genau dem einmal festgesetzten Schema sich anpaßt. Diese Kunstkennerschaft läßt sich aller= dings in fünfzehn Minuten erwerben, und in einem halben Jahr kann auch jeder etwas anstellige Kopf ein ausgewachsener Dichter nach dem Herzen dieser Kritik werden. Denn gar so schwer ist es doch nicht, jeden Zeitungsbericht mit wenigen Umstellungen und Veränderungen in einige regelrechte Jamben zu bringen. Die geringste technische Übung bringt das zu Stande, und ich bin fest überzeugt, daß jeder viel rascher lernt, irgend einen beliebigen Abschnitt aus einer Weltgeschichte oder einem Gebetbuch in Hexameter, Pentameter, Blankverse oder sapphische Odenform umzugießen, als das Versohlen von Stiefeln. Wenn Julius Wolff „dichtet:"

„Wer von den Lebend'gen hatte
Kraft genug, des Reiches Zügel,
Die dem Mächtigsten von Allen,
Die sie je geführt, entsunken,
Jetzo in die Hand zu nehmen?
Heinrichs Sohn, des Thrones Erbe,
Friedrich, zwar erwählter König,
War ja noch ein hilflos Kindlein,
Heinrichs jüngerer Bruder Philipp
War ein milder sanfter Jüngling,
Hoch begabt, freigebig, freundlich
Und von unermessenem Reichtum" u. s. w. u. s. w. —

wenn das Verse sind, so lese ich allerdings die schlechteste Reporterprosa lieber als derartige formale Meisterstücke der Poesie. Kurz und knapp würde ich dann überhaupt den Vers als mißratene oder miserable Prosa definiren. Das ist er ja heutzutage auch in den meisten Fällen und einige überhitzige glaubten deshalb das Kind mit dem Bade ausschütten zu müssen und meinten, der Vers sei überhaupt eine überwundene Sache.

Mache man doch nicht den Vers verantwortlich für die Stümpereien des Dilettantismus.
Ich habe mir nicht die Mühe gegeben, es näher zu untersuchen, aber was man so im Vorübergehen sieht, und ich bin auch von vornherein überzeugt, daß Julius Wolff so geschickt und technisch geübt ist, um die seltsamsten Verskunststückchen ausführen zu können. Er wird sicherlich wie das siebzehnte Jahrhundert die schönsten Akrosticha in Kreuz- und Becherform zu Stande bringen. Seine Reime sind gewiß stets von untadeliger Reine, seine Versification ist die glatteste von der Welt, — Verse (im gewöhnlichen Sinne des Wortes) kann er machen, aber das hat mit dem Dichten ebenso viel zu thun, wie das Farbenreiben mit dem Malen.

Die Poesie schreibt eine andere Sprache, als es die der Wissenschaft und des Alltags ist. An und für sich ist die Sprache rein abstrakt und bildet nichts als Begriffe, so daß sie nur dem Verstande Verarbeitungsmaterial liefert. Darin liegt ein großer Mangel für die Poesie, welche sich ihrer als Mund bedient und nicht blos den Verstand, sondern den ganzen Menschen mit allen seinen Sinnen unmittelbar, wie die Natur, erfassen will. Die Sprache ist nichts als lautes Denken, aber in der Poesie soll sie auch lautes Empfinden, redendes Malen sein, welches nicht über den Umweg des Verstandes, sondern direkt die Gefühle des Zuhörers in Schwingen versetzt. Die Sprache des Denkens und die Sprache der Empfindung, die Musik, vereint sie zu einem dritten Höheren, indem sie die Worte nicht nur auf ihren abstrakten Inhalt hin verwertet, sondern zugleich musikalisch, onomatopoetisch ihren Tonwert in Anspruch nimmt. Der Unterschied von der Sprache der Prosa und der Sprache der Poesie besteht darin, daß die erstere ihrer sich bedient als eines rein äußerlichen Mittels, welches nichts als einen geistigen Inhalt zum Ausdruck bringt, während die poetische Sprache den Inhalt völlig verkörpert, mit ihm sich vereinigt, wechselt, wie der Inhalt wechselt.

Die beste Form ist diejenige, welche mit den einfachsten Mitteln den deutlichsten und vollsten Abdruck des Inhalts erzielt. Ein gutes Gedicht, in einer fremden uns unverständlichen Sprache abgefaßt, giebt uns blos durch den Klang des Rhythmus, der Reime, durch alles das, was das Ohr hört, eine ungefähre Vorstellung vom geistigen Inhalt, wie es ein Musikstück thut. Nicht die Reinheit des Reimes, die Glätte des Versbaues machen die schöne Form aus, sondern die Übereinstimmung des Rhythmus, der Klangfärbung der Worte und Reime mit dem geistigen Inhalt, das vollkommene Anschmiegen der Sprache an letzteren, daß sie immer ein Spiegelbild desselben ist. Ein Gedicht zärtlicher Zuneigung verlangt einen durchaus anderen Rhythmus, andere Vokale und Consanten, andere Reime, andere Worte, andere Bilder als ein Poem stürmischer erregter Leidenschaft.

Es entspricht ganz dem leichten und tändelnden Charakter des Wolff'schen Geisteslebens, wie er in seiner Dichtung vorherrschend zum Ausdruck kommt, daß auch die Form durchgängig eine leichte und tändelnde ist. Giebt er ein anspruchsloses Liebesgedichtchen in einem ebenso anspruchslosen Versgewande, so bringt er es zu der erwünschten Harmonie zwischen Inhalt und Form, aber häufiger noch begegnen wir bei ihm ganz mageren Inhalt, der sich in gespreizte, gekünstelte und preciöse Strophen kleidet, einer Leidenschaft, die in tändelnden Rhythmen sich ausspricht. Der Widerspruch zwischen Inhalt und Form ist bei ihm durchgängig, und das beweist, daß er vom eigentlichen Wesen der Form garnichts weiß.

Er ist kein Meister der Form, weil er Formalist bereits ist, bei dem nicht die Form mit dem Inhalt verschwistert erscheint, sondern wo die Form den Inhalt beherrscht, zum Selbstzweck wird. Er bildet nicht die Strophen aus sich heraus; der Gedanke, das Gefühl schaffen sich nicht ihren sprachlichen Körper, sondern der Dichter macht den umgekehrten, den falschen Weg, er wählt sich zunächst ein Versschema aus und schreibt in dieses den Inhalt hinein. Seine Vorliebe für die verzwickten Formen der provencalischen und unserer eigenen Minnepoesie ist bezeichnend genug; er fühlt sich wohl in jener Poesie des Formalismus, welche durchaus nicht so sehr Blütezeit ist, wie unsere vom Geiste der Studierstube und des Gelehrtentums erfüllte Schullitteraturgeschichte annimmt, und noch charakteristischer ist, daß er einfach die künstlichen Strophengebilde übernehmen kann. Wenn Alfred Ruhemann mit Begeisterung hervorhebt, daß die Lieder des „Tannhäuser" streng nach mittelalterlicher Form gedichtet sind, so ist das eben der beste Beweis für die Formspielerei dieser Poesie, daß der Dichter zuerst die Form vor Augen hat und in ein beliebig gewähltes Schema seine Gedanken hineinpreßt; das ist ein Übersetzen aus der Prosasprache in Versen nach den Schulmeisterregeln der Poetik, was jeder Schulmeister zu Stande bringt, aber nicht ein dichterisches Formschaffen aus dem Innern heraus.

Daß Julius Wolff dem Kling=Klang verfällt, der Manier, durch allerhand unartikulierte Töne, durch Hoiho und Haha zu wirken, entspricht ganz der äußeren Formmache; es verrät nicht Kraft, sondern Ohnmacht, — ein Unvermögen, die Sprache so zu beherrschen, daß sie sich dem Inhalt anschließt; mit dem Natürlichen kommt er nicht zurecht und er greift daher zum Unnatürlichen, zum Gekünstelten. Auch er hat den Drang zur Wortmalerei, weiß, was die Form in der Poesie bedeutet. Aber er gerät dann leicht in die schlechte und unreife Manier, wie man sie am besten aus Poe's „Glocken" und Southey's „Wasserfall von Lodore" kennen lernt; ein ganz unkünstlerisches Zusammenhäufen von Worten, Tönen, bei dem äußerer Spektakel vergebens über die innere Leere hinwegzutäuschen sucht; es sind Kunststücke, aber das Stück Kunst sehr gering dabei.

Es ist ganz erklärlich, daß dieser Formalismus, welchem eigent=

lich das Weſen der Form, weil er immer in den Äußerlichkeiten ſtecken bleibt, ein Buch mit ſieben Siegeln iſt, mit beſonderer Vorliebe mög= lichſt undurchſichtige, komplizierte und künſtleriſche Strophen ſchreibt, denen man gleichſam die Schweißtropfen der Arbeit, der Gelehrſamkeit anſieht, andererſeits aber garnicht empfindet, wenn er in nackteſte und dürrſte Proſa ſich verliert. Die Glätte der Verſifikation ſcheint ihm alles zu ſein, mögen die Verſe auch ſonſt noch ſo leer und hölzern ſich anhören. Mit großer Vorliebe hat Julius Wolff den vierfüßigen Trochäus angewandt, ein Versmaß, welches wir bekanntlich den Spa= niern verdanken. Nun braucht man nur eine Seite aus Calderon und eine Seite derartiger deutſcher Trochäen zu leſen, um zu erkennen, ein wie gewaltiger Unterſchied ſich ergiebt. So ſehr dieſer Vers dem Genius der ſpaniſchen Sprache entſpricht, ebenſo ſehr widerſtreitet er dem der unſeren. Der widernationale Geiſt, wie er in der deutſchen Litteratur zu lange herrſchte, ließ unſere Dichter leider wahl= und ziellos eine Reihe von fremdländiſchen Formen unbeſehen übernehmen, die wir am beſten ſo bald wie möglich wieder zu vergeſſen ſuchen. Dazu gehört vor allem der vierfüßige Trochäus, der in längerem epiſchen Gedichte zuletzt geradezu unwiderſtehlich anfängt zu klappern, einförmig wie eine Maſchine, weil unſerer Sprache zunächſt der größte Reichtum an vollen und ſchweren Vokalen fehlt, wie ihn die ſpaniſche beſitzt, und weil wir faſt immer nur das farbloſe e zur Verfügung haben; der Versaccent liegt zu häufig auf geiſtig gleichgültigen Worten:

Die Gewalt fuhr auf der Straße
Und kein Heinrich ſie zu bänd'gen ꝛc.

Bei dem pathetiſchen dröhnenden Klang der ſpaniſchen Sprache ruft gerade die Kurzatmigkeit des Verſes beſonders pathetiſche Wir= kungen wieder hervor, umgekehrt wie bei uns die Kürze des Verſes wirkt. Er hat mehr das Gepräge eines Komiſch=Satiriſchen, als das des Tragiſchen.

Die Vorliebe Julius Wolff's für dieſen Vers ſcheint mir auf nichts weniger, als auf großes Formgefühl hinzudeuten. Leider fehlt es mir am Raum, durch eine Fülle von Beiſpielen mein Urteil über die „formale Meiſterſchaft" des Dichters zu erhärten. Ich muß auf das Studium der Werke ſelber hinweiſen. Wem es nicht beim erſten Zuſehen ſelber auffällt, wie ſehr Wolff faſt immer verſifizierte Proſa ſchreibt, der mache einmal den Verſuch und zerſtöre nur durch gering= fügige Umſtellungen den Rhythmus und er wird finden, wie raſch er auf dem Boden einer platten Zeitungsſprache anlangt. Ich will nur ein Beispiel anführen, eine Schilderung Venedigs, doch gewiß für den Dichter ein dankbarer Vorwurf. Ich gebe in der ersten Hälfte den Dichter völlig wieder, in der zweiten versuche ich nur die Reime zu vermeiden, weil sich der poetisch noch nicht ganz Durchgebildete leicht verführen läßt, alles für Vers zu nehmen, was gereimt ist. „Wie endlich", heißt es dort:

„Wie endlich sie an ihrem Ziel
In der Lagunenstadt nun waren,
Da gab's für beide Staunens viel
Ob all dem Fremden, Wunderbaren.
Wie überragt von bunten Pfählen
Die Straße unter Wasser stand,
Und wie die Flut in den Kanälen
Sich durch's Gewirr der Häuser wand.
Hier keines Rosses Hufschlag schallte
Und keines Menschen Wandertritt,
Der Schiffer Rufen klangvoll hallte
Wo lautlos ihre Gondel glitt . . .

Im Wasser spiegelten sich mit Söller und Logen die Häuser, die Brücken, der Dogenpalast, und Glockenturm und Markuskirche. Es war neu und verwirrte fast ihre Sinne, als ob sie von ihrem Auge betrogen würden, wenn es sie vom Rialto nach der Piazzetta hinzog. Dort am Hafen sahen sie in Trachten, wie sie sie vorher nie erblickt, manch' einen Sohn von fremdem Stamm und hörten den Laut fremder Sprachen. Schwarze bärt'ge schlaue Griechen fingen einen Handel an mit gelben Mauren, und durch das Gedränge, von Mann zu Mann, schlüpften schachernde Hebräer. Als sie nun beide Herberge gefunden hatten, erforderte der Stand des Ritters die Meldung, daß er zur Fahrt in das gelobte Land angekommen sei, und gemächlich schritt er am anderen Tage zum fürstlichen Palast hin."

Ich glaube, der nüchternste Reiseschriftsteller kann nicht gewöhnlicher und minder anschaulich schildern. Prosaischer läßt sich nicht gut schreiben, es ist aber gewiß, daß echte Verse nur wenig von ihrem Zauber und ihrer Schönheit einbüßen, auch wenn man ihnen den Schmuck der Reime und des Rhythmus nimmt.

* * *

Der Gesammtcharakter der Julius Wolff'schen Poesie läßt sich in Kurzem zusammenfassen. Es fehlt ihr das innere Leben, die Wahrheit. Beschränkte sie sich auf das kleine und bescheidene Gebiet leichter tändelnder Anakreontik, ließe sie sich an einem Weinliedchen, einem Liebesgedichtchen genügen, so würden wir ihr gewiß keine Größe, Tiefe und Ursprünglichkeit nachrühmen, aber, was das Grundlegende in der Kunst, innere Wahrheit. Die Rattenfängerlieder, welche er unter dem Titel „Singuf" zusammenstellte, charakterisieren sein eigentliches Können. Der Gedanken- und Empfindungsinhalt ist außerordentlich bescheidener Natur, und man kann eigentlich nur die Unermüdlichkeit bewundern, mit welcher der Poet immer wieder ein und dasselbe wiederholt. Sein Bestreben, die Naivetät des Volkstümlichen zu erreichen, führt ihn nur zu oft ins Abgeschmackte, Kindische hinein, doch findet er auch oft einen fröhlich-neckischen Ton und man fühlt sich selbst angeheimelt, wenn er ein leichtes, kaum die Oberfläche des Empfindungslebens streifendes Liebesgedichtchen anschlägt. Aber, um Größeres zu schaffen, eine Lyrik, welche alle Saiten des Herzens ertönen läßt, himmelhoch jauchzend und zu Tode betrübt den Aufschrei der Verzweiflung, die Glut hinreißender Leidenschaft wie den Jubel des reinsten Glücks mächtig zu gestalten vermag, dazu ist sein Empfindungs- und Geistesleben nicht umfassend, reich und kraftvoll genug. Von einem Gedankeninhalt verspüren wir eigentlich so viel wie gar nichts; über Gott und Welt hat er kaum nachgedacht, kaum hat er auch etwas erlebt, und so führt er ein rein vegetatives Dasein. Allerdings ist er Optimist, aber nicht ein Optimist, welcher durch die Erkenntnis des Bösen und Elenden zur Lebensfreude sich hindurchgerungen hat, der seine Weltanschauung sich erkämpfte, sondern Optimist, weil das Gehirnchen zu klein, als daß es jemals Bedürfnis empfunden hätte, über sich selbst nachzudenken. Ein so beschränkter Künstlergeist muß an der Darstellung eines verwickelteren Geisteslebens, einer größeren Komposition notwendiger Weise scheitern.

So versteht Julius Wolff nur entweder durchaus farblose, des Individuellen entbehrende Romanpuppen ohne Fleisch und Blut zu gestalten, die bekannten Unterwelt-Schatten, welche nur in Büchern und niemals im Leben vorkommen, oder er gerät, wenn er einmal den Versuch macht, Menschen zu schaffen von eigenartigem, reinerem Empfindungs- und Gedankenleben, in die vollkommensten Widersprüche mit sich selbst. Statt einen Charakter logisch zu entwickeln, ergeht er sich in lauter Willkürlichkeiten, und auf der einen Seite nimmt er zurück, was er auf der andern Seite vorher kühnlich behauptete. So kommt der Poet zur künstlerischen Unwahrheit, Verlogenheit und Unnatur.

Er mag sich selber dessen ganz unbewußt sein, aber instinktiv sucht er die innere Hohlheit und Leere durch äußeren Aufputz zu verdecken. Den Schein giebt er für die Wirklichkeit. Die Menschen, die er zu schaffen vermag, sind im Grunde außerordentlich triviale, platte und flache Alltagsmenschen, deren Denken und Empfinden nicht über den engsten Gesichtskreis hinausgeht. Der gewöhnliche Durchschnittsleser jedoch liebt das Außergewöhnliche, Seltsame, Märchenhafte und er würde die flachen individualitätslosen Menschen jener Kunst außerordentlich langweilig finden, träten sie nicht mit einem romantischen Schein auf, welcher den ungebildeten Geschmack nur zu leicht täuscht. Die trivialsten Helden und Heldinnen unserer Leihbibliothekenromane und der Julius Wolff'schen Poesie, die nichts denken und nichts empfinden, als das Bedürfnis nach einer guten ehelichen Versorgung, nehmen da plötzlich einen Heiligenschein an, fühlen sich mit allen Tugenden und Vorzügen so ausgerüstet, und wir bekommen so viel von ihren wunderbarsten Eigenschaften an Leib und Seele zu hören, daß wir die verstocktesten Sünder sein müßten, wenn wir uns nicht — vor allem unsere Damen jedoch — in diese Engelsgebilde sofort verliebten. Die deutsche Kritik hat für diese Unwahrheit ein edles Wort gefunden; sie nennt's Idealismus! einen dummen einfältigen Alltagstropf wie einen zweiten Newton, einen Goethe an Geist, und wie einen Engel an Tugend hinstellen heißt idealisieren, und dieses Idealisiren ist das Grundlegende aller Kunst, — nach der Meinung der deutschen Kritik. Wer einen Dummkopf einen Dummkopf und eine Hure — eine Hure nennt ist ein brutaler unmoralischer Realist oder Naturalist, d. h. überhaupt kein Dichter, denn Dichten heißt zunächst das Schöne darstellen und wie die sonstigen Ungereimtheiten lauten. 100 Mark dem Ästhetiker und Kritiker, der mir nachweist, daß das Wort „Kunst ist Darstellung des Schönen" Sinn und Berechtigung hat!

Es giebt jedoch auch eine Renommage des Lasters. Und wie in dieser Poesie der Unwahrheit und Verlogenheit die harmlosesten Menschen zu Engeln gemacht werden, so müssen sie sich gelegentlich eine Teufels= maske gefallen lassen. Liebt doch das Publikum auch die Abällinos, die fliegenden Holländer, die dämonischen Helden mit dem verruchten und doch so edlen Herzen. Im „Rattenfänger" und „Tannhäuser" lernten wir ein Paar von diesen guten braven Spießbürgern kennen, die so unglücklich verloren in ihrem romantischen Sünderkostüm stecken und gar nicht wissen, warum man sie denn eigentlich zuletzt zum Tode verurteilt oder doch zur tragischen Entsagung. Das fahrende Volk, wie es Julius Wolff und die übrigen Dichter des Vagantentums zu zeichnen lieben, hat genaueste Ähnlichkeit mit den Zigeunern „Preciosas". Die Poeten malen da einen Idealzustand ins Blaue hinein, schildern eitel Herrlichkeit und Freude, eitel Lustigkeit, daß man wahrhaft bereut, nicht ein Mitglied des mittelalterlichen Straßengesindels zu sein; aber sie zeichnen es himmelblau, weil sie es nicht gelernt haben, der Wahr= heit ins Auge zu schauen. Denn, daß Menschen, die von der Gesellschaft halb ausgestoßen sind, und bei ihr für Parias gelten, die kein Haus und keinen Heerd haben, keine Heimat und keine Zuflucht, jeden Augen= blick dem Hunger ins Gesicht sehen, das Gefängnis und brutale Strafen zu erwarten haben, ... daß solche Menschen nicht so biedere, fröhliche Gesellen sind, wie es Julius Wolff glauben macht, muß die einfachste Menschenkenntnis sagen. Das fahrende Volk des Mittelalters ist nichts weniger als ein salonfähiges Geschlecht. Wie ein echter fahrender Poet singt, das kann man bei François Villon nachlesen: aber diese Gedichte wildesten Realismus, derbster und rohester Sinnlichkeit, lüsterner Ausgelassenheit und wieder der herbsten Verzweiflung, der bittersten Seelenkämpfe, des tiefstbohrenden Schmerzes sind alles, nur nicht Damenlektüre. Sie sind eben wirklich auf der Landstraße zwischen Galgen und Gefängnis im Kreise von verkommenen Studenten, Schau= spielern und Dieben und Straßendirnen geschrieben, während Julius Wolff Lieder eines Fahrenden hinter dem Ofen schreibt, als braver Staatsbürger seine Steuern bezahlt und die Landstraße nur vom Sonn= tagsnachmittagsausfluge und vom Wagen her kennt. Das wäre noch das Wenigste! Aber er versteht es nicht im Geringsten, das Seelen= leben eines umherziehenden, mit Not und Entbehrung aller Art kämpfenden Menschen auch von der ernsten Seite charakteristisch zu er= fassen, er denkt nicht, daß ein rein dem Sinnengenuß hingegebenes Leben auf die Dauer manches Gift erzeugt.

So läuft zuletzt alles auf bunte Dekorationen, Kostüme, Effekt=
hascherei und Spielerei, kurz auf leeres Operngepränge hinaus; statt
der Wirklichkeit der Schein, statt der Welt die Bühne, statt Menschen
— Opernsänger. Dem entspricht die Form, das aus dem Dramatischen
ins Epische übersetzte Libretto, dessen Schwergewicht in den Arien
liegt. Bei Julius Wolff singt eben Jeder, und man kann die Stimmen
ganz genau verteilen, Heldentenor, lyrischer Tenor, Bariton, Baß,
Sopran, Alt u. s. w. Es ist eine Kunst, die nicht das Leben
beobachtet, sondern aus Büchern und zwar aus schlechten Büchern
lernt, die nicht in der Wirklichkeit, sondern im Theater ihre Studien
machte und trunken vom Lampenlicht und Koulissenstaub dahintaumelt.

Aus sich selbst heraus kann sie nichts Eigenes schaffen, moderne
Ideen, das neue Leben, welches sie umbraust, nicht künstlerisch schaffen
und gestalten, weil sie nicht ursprünglich ist und nur nachmachen kann,
was schon vorgemacht wurde. Sie muß sich an berühmte Muster
anlehnen. Ob sie dabei nun auf die hellenische Klassik, auf orientalische
Liebes= und Weintrunkenheit oder mittelalterliche Minne gerät, ist zu=
meist nur eine Sache des Zufalls. Julius Wolff ist einmal an
die Minne geraten, unsere erste sogenannte Blüteperiode hat es ihm
angetan. Die blinkenden Ritterrüstungen, die bunten Wämmser be=
stachen sein Auge, . . . aber natürlich, den Geist der Zeit konnte er
nicht anziehen, wie man ein Kleid anzieht. Ein neuer Mensch zu
werden, das hat er nicht fertig gebracht. Aber er merkte genau auf,
wie sich die mittelalterlichen Poeten räusperten und spuckten. Er gleicht
den Bildhauern der Hadrianischen Zeit, welche glaubten, die Naivetät
und Naturwüchsigkeit der ältesten Periode zu erreichen, wenn sie einen
Apollo von Tenea sklavisch in seinen Äußerlichkeiten nachahmten, die
starren Augen, die fest am Boden anliegenden Fußsohlen u. s. w. So
ahmt Wolff sklavisch die Formen nach, wörtlich übernimmt er Bilder
und Vergleiche, gießt vor allem eine Brühe von archaistischen Wendungen
mittelalterlichen Worten und ähnliches über die Gedichte aus, und
meint damit die alte Poesie belebt zu haben. Eine Kunst aber, welche
nicht den Gedanken= und Empfindungsinhalt ihrer Zeit darstellt, sondern
einer abgeschlossenen Kunstepoche ihr Geistes= und Gefühlsleben abzu=
lauschen, in deren Vorstellungen sich einzuleben sucht, wobei sie immer
nur in leeren Archaismus, in dürres Formenwesen verfällt, ist eine
Kunst der Ohnmacht und nicht wert zu existiren. Die Zeit geht bald
mit einem nassen Schwamme darüber hinweg, aber auch die Gegen=
wart hat schon die Pflicht gegen eine solche Poesie Protest einzulegen,

weil sie die Nachahmung und den Dilettantismus groß zieht und das Geistesleben des Volkes in Träumereien versinken läßt und so verdirbt.

* * *

Julius Wolff ist ein Typus. Es verlohnte nicht der Mühe ihn anzugreifen, auch hat es für mich nichts Anziehendes, ein Pamphlet gegen eine Person zu schreiben. Aber Pflicht ist es, gegen eine ganze Litteraturrichtung vorzugehen, welche heute die herrschende in Deutschland ist, zum Verderben unseres geistigen Lebens. Man muß Widerspruch erheben gegen eine Dichtung des Archaismus, der Nachahmung, welche ganz äußerlich die Genien der Vergangenheit oder des Auslandes zu kopiren sucht. Von den Dichtern der „Nibelungen" und des „Parzival", von einem Goethe, sollen wir lernen, wie sie es gemacht, nicht zusehen, was sie gemacht und dieses „was" noch einmal aufbrühen. Ja, das Volkslied kann ein Muster uns sein. Aber nehmt doch nicht die Welt des Volksliedes, laßt doch die Ritter, Schäfer und Hirten fahren: was wir von dem Volkslied lernen können, ist Tiefe der Empfindung, Wahrheit der Leidenschaft, glücklichster Humor. Erfaßt den Geist unserer Zeit, wie jene den Geist ihrer Zeit erfaßt haben; wie ein Wolfram von Eschenbach nicht noch einmal eine „Aeneïde", eine „Odyssee" geschrieben, so sollt Ihr nicht noch einmal einen „Parzival" dichten. Sucht den Parzival unserer Zeit auf, aber nicht den Parzival des Mittelalters. Dann könnt Ihr der Wolfram von Eschenbach unserer Zeit werden, sonst aber nur ein öder Nachtreter. Seid modern!

Man muß Widerspruch erheben gegen eine Frauen- und Backfischpoesie, welche die Kunst der Prüderie und einem verzärtelten Geschmack ausliefert, eine verlogene phantastisch ausgeputzte Welt erbaut, in welcher der dümmste Alltagsmensch sich wie ein Christus an Tugenden, wie ein Plato an Tiefsinn geberden darf. Eine Poesie, die sich eine moralische nennt, aber in ihrer süßlichen Ausmalung, in ihrer Schönfärberei aller Laster, in ihrer Gefühlsduselei geradezu die Lüsternheit und die Gemeinheit erweckt. Man sagt, die Kunst habe die Pflicht, das Leben zu idealisiren. Sie nennen es Idealismus, wenn sie die Poesie außerhalb der Gesetze der Natur stellen und Menschen zeichnen, die aller Psychologie Hohn sprechen, wenn sie die Welt mit allerhand Engeln, statt Wesen von Fleisch und Blut bevölkern; die Kunst hat nach ihnen den Zweck, die Welt zu „verschönern": nein sie hat den Zweck, zu gestalten, zu schöpfen, Menschen zu bilden. Daß es das Zeichen des großen Künstlers und das Wesentlichste des poetischen Schaffens ist, logisch richtige Charaktere zu zeichnen und eine logisch sich entwickelnde Handlung vorzuführen, hat ihnen schon Lessing gesagt, — freilich, wer ist Lessing?! Jene Poesie der Verlogenheit und der Unwahrheit, welche sich heute die idealistische nennt, hat mit dem wahren Idealismus ebenso viel zu thun, wie die französische Pseudoklassik mit der Klassik der Hellenen. Und die Zeit ist nicht mehr fern, wo man den Idealis=mus unserer herrschenden Litteratur allgemein als Pseudo=Idealismus erkannt und verlacht hat, wo man ihn ebenso in die Ecke stellt, wie man nach Lessing die Pseudoklassik in die Ecke schob.

Die Allgemeine
Deutsche Universitäts-Zeitung

ladet zum Abonnement ein. Der Preis ist bei allen Postämtern, Buchhandlungen und Zeitungsspediteuren pro Quartal 2.— Mk., bei direkter Zusendung 2.40 Mk. einschl. Porto.

Die Allgemeine
Deutsche Universitäts-Zeitung

wird in dem bisherigen Geiste weitergeleitet werden, sie wird, **keiner Partei dienend**, selbständig zu allen Fragen von akademischem Interesse Stellung nehmen: **für Idealismus, freie Forschung, nationale Begeisterung ohne Überhebung, geistig strenge Zucht ohne unnötig fesselnden Zwang, Kampf gegen alle eingewurzelten Vorurteile.**

Der Kreis unserer **Mitarbeiter** ist in ständigem Wachsen begriffen. Wir nennen nur die Herren: Dr. H. Averbeck (Coblenz), Prof. A. Bentheim, (Berlin), Prof. Dr. Jürgen Bona-Meyer (Rektor der Universität Bonn), Dr. Heinrich Bulthaupt (Bremen), Carus Sterne (Dr. Ernst Krause in Berlin), Hermann Conradi (Leipzig), Anna Conwentz (Berlin), Justizreferendar H. Elsas (Rottweil i. W.), Dr. Eugen Dreher (Berlin), Prof. Dr. A. Eulenburg (Berlin), Dr. F. Fahrenbruch (Münster i. E.), Dr. Erich Fels (Prof. Aurelius Polzer i. Graz), Prof. Dr. Falckenburg (Jena), Paul v. Gizycki (Berlin), Martin Greif (München), Dr. Heinrich Hart (Berlin), Julius Hart (Berlin), Dr. Ed. v. Hartmann (Gr.-Lichterfelde), Gerhard Hauptmann (Erkner), Karl Henckell (Zürich), Privatdozent Dr. Hochegger (Innsbruck), Arno Holz (Nieder-Schönhausen), Prof. Fr. v. Holtzendorff (München), Dr. H. v. Kalckstein (Berlin), Prof. Kick (Prag), Wolfg. Kirchbach (München), Prof. Dr. A. Kirchhoff (Halle a. S.), Dr. Kleefeld (Görlitz), Prof. Dr. G. Koelbing (Breslau), Prof. Dr. M. Koch (Marburg), A. Koch (Reuses), Prof. F. Lange (London), Detlev Frhr. v. Liliencron (Kellinghusen-Holstein), Herm. Lingg (München), John Henry Mackay (Saarbrücken), Prof. Dr. F. Neumann (Freiburg i. B.), Karl Nissel (Liegnitz), Dr. Max Nordau (Paris), Dr. H. Preiß (Königsberg i. P.), Prof Dr. Rubo (Berlin), A. F. Graf v. Schack (München), Joh. Schlaf (Berlin), Prof. Dr. Schmeding (Duisburg), Oberlehrer Max Schneidewin (Hameln), Prof. Dr. Schwalbe (Berlin), Prof. Dr. H. Senator (Berlin), Dir. Dr. Max Steinschneider (Berlin), Prof. Dr. E. Stengel (Marburg), Rechtsanwalt W. Stulz (Frankfurt a. M.), Prof. Tewes (Graz), J. Trojan (Berlin), Prof. Uhrig (Mittenber), Pfarrer em. Weber (Dresden), Otto Weddigen (Hamm i. W.), Prof. Dr. Willkomm (Prag), Eugen Wolff (Berlin), Xantippus (Franz Sandvoß Berlin), Dr. Ernst Ziel (Rannstadt).

Wir haben **zwei Preisausschreiben** erlassen, von denen das erste eine akademische Frage, das zweite eine Humoreske aus dem Uni-

Litterarische Streiflichter.

An das deutsche Volk!

Der liebenswürdige Mann amüsirt Dich so gut und schmeichelt Deiner geistigen Faulheit, wie solltest Du ihm nicht vom Herzen dankbar sein? — Daß ein Dichter begeistern, hinreißen, mit ein paar herrlichen, aus den unergründlichen Tiefen einer geistes= und ideentrunkenen Seele hervorströmenden Worten Dich machtvoll zu erhabener Andacht zwingen und Dir süßmahnend gebieten soll, Dich zu beugen vor der Urkraft, die in ihm wirkt und schafft, wer in aller Welt hat Dich jemals darauf aufmerksam gemacht?

Karl Henckell.

Moderezension.

Preise dem Kinde die Puppen, wofür es begierig den Groschen
Hinwirft, so bist du fürwahr Krämern und Kindern ein Gott.

Xenien.

Kaufmann und Dichter.

Schon wieder ein plätschernder Wasserfall
Von Versen, romantisch drapirt?
Natürlich, ausnutzt er die Konjunktur,
Er hat auf der Börse der Litteratur
In Romantik à la hausse spekulirt.

Heinrich Hart.

Aus der Zeit der Musikfülle und Gedankenleere.

Wozu sich mit Ideen plagen,
Mit Leidenschaft, mit Phantasie?
In tausend Versen nichts zu sagen,
Das zeugt von technischem Genie.
Nur immer klingeln, girren, klagen,
Dann blüht euch keusche Sympathie.
In diesen tönesel'gen Tagen
Verbimmelt auch die Poesie.

Heinrich Hart.

Julius Wolff ein Formtalent?

Die glücklichste Form ist diejenige, welche einen Gedanken am klarsten und einfachsten ausdrückt. Seltsam, wie man von Formkünstlern sprechen kann, welche nichts auszudrücken haben! Sie dreschen und dreschen, aber leeres Stroh.

Leo Berg.

So ist's!

. . . . . Ihr gebt Euch für Küchenpräsente?
Ist man denn, mit Vergunst, spanischen Pfeffer bei Euch?
Nicht doch! Aber es schwächen die vielen wäss'richten Speisen
So den Magen, daß jetzt Pfeffer und Wermut nur hilft.

Xenien.

Barometer.

Die **Litterarischen Volkshefte** wollen, an litterarische Tagesfragen anknüpfend, den Sinn für wahre Kritik und das Verständnis für echte Poesie in den weitesten Kreisen wecken und pflegen.

Die **Litterarischen Volkshefte** kämpfen demnach gegen den Dilettantismus und das Raffinement wie nicht minder gegen die Epigonenklassicität, für modernen Gehalt und moderne Gestalt der Dichtung.

Die **Litterarischen Volkshefte** sind für das gesammte Publikum bestimmt, soweit es Bücher liest und Theater besucht.

Die **Litterarischen Volkshefte** werden demnach bei ausgeprägt vornehmer Haltung gemeinverständlich und flott geschrieben sein.

Die zwei ersten Hefte behandelten:

Oscar Blumenthal der Dichter des deutschen Theaters und der deutschen Presse von **Eugen Wolff**.

Henrik Ibsen und das Germanenthum in der modernen Litteratur von **Leo Berg**.

Die nächsten Hefte werden enthalten:

Emile Zola und der Naturalismus oder Über die Grenzen von Poesie und Wissenschaft.

Sardou und Dumas oder die Herrschaft der Franzosen auf der deutschen Bühne.

Was kann das deutsche Volk von **Richard Wagner** lernen?

Woran krankt unser **Lustspiel?** Ein Beitrag zur Pathologie der deutschen Litteratur.

Die **jüngste deutsche** Litteraturströmung und das Prinzip der Moderne.

Die **Wirtschaft** und **Herrschaft** der **Bühnenleiter** in der modernen Dichtung.

Ernst von Wildenbruch und das Preußenthum in der modernen Dichtung.

———⁕◉⁕———

Jedes **Heft** kostet 50 Pfg.

Die ganze **Serie** von 10 Heften kostet 4 Mark 50 Pfennig.

Bestellungen nehmen alle Buchhandlungen entgegen.

Die **Litterarischen Volkshefte** hoffen auf die Unterstützung all derer, die ein warmes Herz haben

Oscar Blumenthal
der Dichter des deutschen Theaters
und
der deutschen Presse
von
Eugen Wolff.

Litterarische Volkshefte.
Gemeinverständliche Aufsätze
über litterarische Fragen der Gegenwart.
Herausgegeben
unter Mitwirkung der Herren: Dr. Georg Brandes, Dr. Heinrich Bulthaupt, Prof. Dr. Moritz Carrière, Dr. M. G. Conrad, Dr. Heinrich Hart, Julius Hart, Wolfgang Kirchbach, Prof. Dr. Max Koch, Prof. Dr. M. Lazarus, Prof. Dr. Adolf Stern u. a.
von
Dr Eugen Wolff und Leo Berg.

Preis 50 Pfg. pro Heft.
Die ganze Serie von 10 Heften Mark 4,50.
☞ Bitte die Rückseite zu beachten. ☜

Richard Eckstein Nachfolger
(Hammer & Runge)
Berlin SW., Friedrichstr. 214.

Litterarische Streiflichter.

Unsere neuere Bühne, die täglich spielen und unterhalten soll, kann nicht so wie die der Griechen auf der Poesie gegründet sein. Glücks genug, wenn sie nicht durch ihren Einfluß auf das Volk den Sinn für Poesie abstumpft oder tödtet. Ebenso wichtig ist es, daß dieses Schauspiel, das nicht unmittelbar zur Poesie gehört, nicht die Sitte verletze, oder das Gefühl für Wahrheit und Adel vernichte, oder irre führe.

Ludwig Tieck.

An Schwätzer und Schmierer.

Treibet das Handwerk nur fort, wir können's euch freilich nicht legen;
Aber ruhig, das glaubt, treibt ihr es künftig nicht mehr.

Xenien.

Einem litterarischen Freibeuter.

Mit Unrecht folgt Ihr seiner Spur,
Weil Geistesblumen aus fremder Flur
In seinen Schriften blühten:
In Wahrheit hat er vergessen nur
Den Vordruck zu verbieten.

Oscar Blumenthal.

Zeitungskritiken.

Der Autor beschaut's nicht,
Den Leser erbaut's nicht,
Den Beweis bleibt man schuldig. —
Das Papier ist geduldig.

Oscar Blumenthal.

Einem Heine-Nachahmer.

Dein Singen nach Heine'scher Melodie —
Wie geist- und anmuthverlassen!
Den Mangel an eig'ner Physiognomie
Verdeckst Du mit fremden Grimassen.

Oscar Blumenthal.

Einem Vielschreiber.

Daß Du nur schreibst, um Geld zurückzulegen,
Ist noch das Einz'ge, was ich achten kann,
Denn schriebst Du, w a s Du schreibst, der Sache wegen, —
Auf welcher Stufe stünd'st Du dann!

Oscar Blumenthal.

Der naturwüchsig Talentvolle verhält sich zum bloßen Meister der Routine wie der Aristokrat zum Parvenü.

Oscar Blumenthal.

Stoßseufzer.

Der Zeitgeist diktirt seinem Kater
Eine gallige Selbstparodie,
Und krank liegt das deutsche Theater
An chronischer Selbstmordmanie.
Die Kunst war einst unwiderstehlich
Wie Lurlei hoch über dem Rhein.
Doch heute denkt jeder: „O selig,